奈良のタカラモノ

雅之

発刊によせて

近頃トント聞く事が無くなった言葉に、「篤農家《とくのうか》」という言葉がある。

何年か前にテレビの「情熱大陸」に三浦雅之・陽子夫妻が取り上げられた際の肩書は、「農業家」では無かったかと思う。担当者が篤農家という名称をご存じなかったのだろう。正に三浦雅之氏は名実共に篤農家なのである。

経験の無い、農業と料理の道に夫婦して突入し、地元の人々との暖かい交流を生み、忘れ去られようとしていた、地元野菜に愛をそそぎ、種や苗を守る。

この功が認められ、若くして内閣総理大臣賞を受賞された。老いて頂戴する賞よりも、人生半ばで頂戴する賞は大変だ。つまりこれからの生き方が更に難しくなるからだ。より高く広く、賞の名を負う責任が常に重圧となってのしかかる。

しかし彼は立派に粛々として、道を歩んでいる。誇る事なく、驕る事なく、若い農業者を繋ぎ、情報も交換、「はじまりの奈良」を標榜しつつ、足元を忘れず伝統野菜の保存と研究と伝承を続ける。

この本は『家族野菜を未来につなぐ』に続く第二弾。篤農家・三浦雅之夫妻の中間報告である。更にこれから、人生のどこの港に帆を降ろすのか、楽しみでならないところである。人が生きる上で欠くべからざる食という、大きな課題を積んだ三浦丸の行手に幸あれと只管願ってやまない。

奈良県立大学
放送大学 客員教授・元春日大社権宮司 岡本彰夫

発刊によせて

三浦さんは信念の人である。大和野菜の価値創造を30年も続けておられる。若くして20代からこの道に入り、大和野菜のブランドの確立やレストランの世界的評価の獲得、さらには地域づくりまで、全国的にみても農と食、両方の活動を絡めながら、ここまで結果を出されている方は思いつかない。

もうかれこれ三浦さんとは14年来の友人なのだが、出会った頃からやられていることも言っていることもまったくブレていない。それでいて人柄は柔らかく、しなやか、そして、どんな人も魅了する。その噂を聞きつけた人たちが清澄の里を訪れて三浦さんのファンになり、みんなヤギのペーターと笑顔でツーショット。

雑誌『Discover Japan』などで全国様々な地域にお邪魔させていただき、ときには海外にも足を運ぶことがあるのだが、奈良ほど足繁く通う場所はない。奈良のゆったりとした時間の流れ、温かい人々、むしろ清澄の里で三浦さん夫妻にもてなされると実家に帰ってきたような気にさえなってしまう。

そんな長いお付き合いの中で、一度だけ三浦さんに提案を却下されたことがある。この本の中でも紹介される coto coto という場づくりをすすめている際に、奈良は世界に誇る食文化があるので、店名を「奈良自慢」としましょうと言ったとき。「それだけはやめてえな」と笑顔で断られた。その結果か、6年に渡って誌面連載「はじまりの奈良」と coto coto での連動イベントを行うことにより奈良の志のある方々が集まる素晴らしいコミュニティが生まれることになった。

本書は「はじまりの奈良」をはじめ、三浦さんが丁寧に育み紡いできたコミュニティの中でしか知りうることができなかった貴重な内容が詰まっている。奈良にまつわる書籍はあまたあれど、奈良に根を張り、血を通わせている、その道のプロフェッショナルの方々がリアルに活動されていることを知ることができるものはない。

奈良のタカラモノとは、三浦さんにとって、本書に登場される方々のことであることに違いない。

奈良自慢とは、僕にとって、三浦さん夫妻であることはいつまでも変わらない。

本書を手に一人でも多くの方に奈良のタカラモノに触れ、自慢してくれることになると、うれしく思います。

ディスカバー・ジャパン代表取締役社長
『Discover Japan』統括編集長　高橋俊宏

もくじ

第2章　奈良のタカラモノ～家族野菜を未来に繋ぐ旅　83

はじめに

ご縁あって本書を手に取り、ページをめくってくださった方、ありがとうございます。

パラパラマンガのようにページ全体をご覧いただきますと、そこには大和の地で粛々と受け継がれてきた在来作物の個性的で彩り溢れる色彩、奥深い歴史に培われてきた伝統工芸や食等々の様々な文化の風合い、そして奈良の自然の風景など、奈良色が彩られています。

「奈良のタカラモノ」というタイトルに関心を持って本書を手に取っていただいた方に、先ずお伝えしなければいけないことがあります。漢字で「奈良の宝物」という言葉を目にした時、それは正倉院宝物のような雅やかな美術工芸品を想像する方が多いのではないでしょうか？　本書は決して美術工芸や奈良の宝物をテーマにした本ではありません。「奈良のタカラモノ」というタイトルは、先人より大切に受け継いでこられた伝統野菜や食文化は「田畑からの賜りもの」という意を込めてのものです。

ユネスコの世界文化遺産に認定された「和食」も、歴史を紐解けば日本という国のはじまりの地でもある奈良発祥のさまざまな食文化が礎になっていると言えるのではないでしょうか？　豊かな歴史と文化を有する奈良には、奥深さ故の理解する難しさがあるかもしれませんが、何よりも私達の誇りを醸成してくれる尊いタカラモノが溢れているのです。

作家の井上ひさしさんは、劇作家・小説家というお仕事を通して表現者として大切にしてこられた広く知られる言葉を残されています。

むずかしいことを　やさしく
やさしいことを　ふかく
ふかいことを　おもしろく
おもしろいことを　まじめに
まじめなことを　ゆかいに
そしてゆかいなことは　あくまでゆかいに

そしてこの言葉を、今、奈良に必要なことについて言い換えてみますと、次のような言葉が浮かんできました。

れきしあることを　やさしく
やさしいことを　ふかく
ふかいことを　おもしろく
おもしろいことを　おくふかく
おくふかいことを　ほこりに
そしてほこれることは　あくまでほこりたかく

本書は著者が約30年にわたって調査してきました奈良県内の在来作物についてご紹介すると共に、「はじまりの奈良」をテーマにそれぞれの分野のスペシャリストの方々のご協力のもと奈良発祥の食文化を中心に奈良の歴史文化についてもご紹介しています。

「れきしあることに　やさしく」触れていただけたらと願いをこめて、13年暮らしを共にしている相棒ヤギのペーターにも一役買ってもらいました。奈良の在来作物に魅せられている以外に、何の専門家でもない自身が、歴史深い奈良を語ることは大変恐れ多いことですが、『Discover Japan』の高橋俊宏さんとのご縁がきっかけとなり、幸いにもそれぞれのはじまりの奈良を専門にご活躍されている第一人者の方々とのご縁を授かることにより、本書は誕生しました。

本書が奥深い奈良の歴史文化、誇り高い日本の歴史文化へと続く「道しるべ」となることを願っています。

２０２４年10月

三浦　雅之

第1章
はじまりの奈良を巡る旅

第一章のテーマは「はじまりの奈良を巡る旅」です。先ずはそのテーマに沿って奈良発祥の歴史文化を簡単に紹介していきたいと思います。奈良ではじまったコト・モノをおもいつくままリストアップしてみました。

はじまりには二つの意味があります。一つ目は伝来という意味。「仏教の伝来」に代表されるように、元々その場所になかったものが初めて伝わったという意味でのはじまり。そしてもうひとつのはじまりが発祥です。それは、すなわち奈良で生み出されたものを表します。

はじまりの奈良

次の一覧に記した「柿の葉寿司」、「奈良漬」、「素麺」は、ご存じの方も多いと思いますが、それ以外にも、実に多くのこの国の礎や文化が奈良に伝わり、奈良を舞台にしてはじまったのです。

はじまりの奈良一覧

①神話、②神宮、③相撲、④仏教、⑤寺院、⑥律令国家、⑦学校教育、⑧歌集、⑨貨幣、⑩診療所、⑪養護施設、⑫公開図書館、⑬御酒の神様、⑭杉玉、⑮茶道、⑯能楽、⑰林業、⑱樽、⑲天理教

⑳奈良漆器、㉑奈良筆、㉒奈良墨、㉓奈良団扇、㉔吉野紙、㉕茶筅、㉖奈良晒、㉗赤膚焼

◇三輪そうめん

◇奈良漬

森奈良漬店提供

㉘茶、㉙蘇、㉚氷食文化、㉛豆腐、㉜古代甘味料、㉝コンニャク、㉞漢方、㉟柿の葉寿司、㊱素麺、㊲清酒、㊳奈良漬、㊴吉野葛、㊵饅頭、㊶完全甘柿、㊷苺の促成栽培、㊸大和スイカ、㊹フライビーンズ、㊺赤いスイートコーン

はじまりの国の礎

奈良が大和と呼ばれていた奈良時代、仏教の伝来を経て律令国家が形作られ、『古事記』と『日本書紀』の記紀が編纂されました。これらは現代まで続く日本神話として日本の正史とされています。この時代に日本で初めての寺院である飛鳥寺が建設され、『日本書紀』にはもっとも古い神宮として石上神宮が記録されています。

現在にも続く国の礎の多くが奈良で誕生しています。我が国の国技でもある相撲の起源は非常に古く、神話の時代にまで遡ります。最古の記録は記紀に見られ、建御雷神《たけみかずちのかみ》と建御名方神《たけみなかたのかみ》の神々による力比べが相撲の起源とされています。人間による相撲の最古の記録は、垂仁天皇の時代（紀元前23年頃）に行われた野見宿禰《のみのすくね》と当麻蹶速《たいまのけはや》の天覧相撲とされ、相撲が神事であったことを示しています。そして、この天覧相撲が行われたとされる場所は「カタヤケシ」と呼ばれ、現在の桜井市穴師には、その舞台となった場所に相撲発祥地を表す相撲神社が祀られています。

大化改新（645年）により、律令国家の形態を整えるために、その役割を担う官吏の養成を目的に唐の仕組みを取り入れた学校教育がはじまり、我が国で初めて編纂された歌集となる『万葉集』も奈良時代に完成しました。

◇相撲神社

708年に発行された「和同開珎」は日本最古の流通貨幣とされています。この貨幣は、中国の開元通宝をモデルにしており、奈良時代の平城京造営に伴う支払いのために導入されました。

社会福祉活動と医療施設として記録が残っているはじまりの活動は、奈良時代の光明皇后に遡ります。光明皇后は、仏教を信仰し、奈良時代に東大寺を建立した聖武天皇の皇后であり、興福寺の五重塔や西金堂、新薬師寺を建立したことでも知られています。光明皇后が社会福祉活動の先駆けとして設立されたのが、悲田院《ひでんいん》と施薬院《せやくいん》です。養老7（723）年、皇太子妃時代の光明皇后が奈良の興福寺に悲田院と施薬院を創設したという記録が『扶桑略記《ふそうりやくき》』に残っています。悲田院は、貧困者や孤児などを収容する福祉施設であり、現代の養護施設に近いものと言えます。また施薬院は、貧困の病人を保護し、治療や薬の提供を行っていましたので、現代の診療所や療養施設に近いものでした。施薬院では、諸国から提供された薬草を無償で患者に施していたと伝えられています。これらの施設は、最初に興福寺の寺域内に建てられ、その後、東大寺などの各寺院にも設置されていきました。

そして、日本で最初の公開図書館として、奈良時代後期に石上宅嗣《かやつぐ》によって開設されたのが「芸亭院《うんていいん》」です。石上宅嗣は古代豪族の物部氏の末裔で、祖父は左大臣であった石上朝臣麻呂《あそんまろ》、父は中納言の乙《おとまろ》（弟）麻呂、自身は大納言という要職にあった文化人でした。平城京の邸宅を阿閦寺とし、その一隅に儒学の書を中心とした書籍を収蔵し、学問を志す人が希望すれば自由に閲覧できる公開図書館を設置しました。

三輪山のふもとの大神神社は日本最古の神社とされ、毎年11月14日に行われる「酒

◇石上神宮

まつり」と称されている「醸造安全祈願祭」は、酒造りの神様である大物主大神《おおものぬしのおおかみ》を称え、新酒の醸造の安全を祈る祭典です。この祭りの歴史は非常に古く、『日本書紀』にもその起源が記されています。

崇神天皇の時代、疫病が流行した際に、大物主大神が夢のお告げで「私の子孫である大田田根子《おおたたねこ》を祭主にし、酒を奉納しなさい」と伝えました。崇神天皇は高橋活日命《たかはしのいくひのみこと》に命じて酒を造らせ、神酒を奉納したところ、疫病が収まりました。この出来事から、大物主大神が酒造りの神として敬われるようになりました。

大神神社の摂社である活日《いくひ》神社は、杜氏の神さま高橋活日命を祭神としています。

現在の「醸造安全祈願祭」では、全国の酒造りに関わる酒造家や杜氏が集まり、宮司が祝詞を奏上し、「うま酒みわの舞」という神楽が奉納され、日本酒文化の重要な伝統行事として、今も多くの人々に親しまれています。

そして、この祭典後に全国の酒蔵に授与される「杉玉」は、スギの葉を集めて球状にした造形物で、「酒林《さかばやし》」とも呼ばれています。杉玉の由来は、大神神社の「醸造安全祈願祭」に「おいしいお酒ができるように」という願いを込めて杉玉を飾る風習があり、この風習が江戸時代初期に全国の酒蔵に広がったとされています。

杉玉は、新酒ができたことを知らせる役割をもち、日本酒を醸している酒蔵の軒先に吊るされます。

そして奈良発祥といえば茶道も有名です。村田珠光《むらたじゅこう》は、室町時代中期の茶人で、「わび茶」の創始者として知られています。1422年に奈良で生まれた珠光は、茶道に禅の精神を取り入れ、質素で控えめな美しさを重視する「わび茶」を確立しました。

◇活日神社
崇神天皇に召され、三輪の神様にお供えする酒を造った高橋活日命をまつる。杜氏の祖先神として酒造関係者からの信仰が厚い。

◇杉玉

彼の茶の湯は、豪華な唐物茶道具を使う従来の茶道とは異なり、和物の茶道具を取り入れ、心の成長や精神的な豊かさを重視しました。珠光のわび茶の美学は有名な孫弟子の千利休ら弟子たちによって受け継がれ、発展していきました。

日本独自の伝統芸能である能も奈良が発祥となります。能のはじまりは平安時代から鎌倉時代にかけての「猿楽《さるがく》」に遡るとされています。猿楽は、曲芸や物まね、寸劇、滑稽芸などの雑芸を含むものでしたが、鎌倉時代後期から室町時代初期にかけて、猿楽は劇形式の芸能へと発展し、これが能の基礎となりました。室町時代になると、観世流の始祖として知られる観阿弥《かんあみ》とその息子の世阿弥《ぜあみ》の父子が能の技法や演目を体系化すると同時に、多くの名作を生み出し、能の美学を確立していきました。奈良発祥の流派は「大和四座」と呼ばれ、観世流《かんぜりゅう》、宝生流《ほうしょうりゅう》、金春流《こんぱるりゅう》、金剛流《こんごうりゅう》があり、それぞれの流派は、その後、武家社会に支えられながら発展を続け、現在に至っています。

さらに、現在も受け継がれる「吉野林業」、そして木材を直角に加工する技術により誕生した「樽丸」は、後の清酒、醤油、味噌の大量生産を実現する為の容器として欠かすことのできないものとなりました。

最後にご紹介する天理教は、奈良で始まった新興宗教で、1838年に中山みきを開祖として成立しました。信仰の中心は「親神天理王命《おやがみてんりおうのみこと》」であり、奈良県天理市にある「ぢば」と呼ばれる聖地を中心に活動し、「陽気ぐらし」の教えを掲げて人々が助け合い、喜びをもって生きることを目指しています。

◇天理教本部（神殿）

◇赤膚焼

写真提供：天理道友社

はじまりの伝統工芸

続いて、⑳番の奈良漆器から㉗番の赤膚焼まで、現代にも伝わる奈良発祥の伝統工芸を簡単にご紹介します。奈良の地において1300年間作り続けられている最も古い伝統産業のひとつが「奈良墨」で、大同元年（806）に遣唐使として唐へ行った空海が筆とともにその製法を持ち帰り、興福寺二諦坊《にたいぼう》で作ったのが始まりとされます。

また墨と共に空海が持ち帰った筆とその製造技は、大和の坂名井清川という人物に伝授されることで、奈良は筆作りの発祥の地となり、現在でも奈良筆は奈良市、大和郡山市で製作されています。現存する日本最古の筆は、聖武天皇の御物《ごもつ》である17点の「天平筆《てんぴょうひつ》」で、正倉院に保管されています。

そして、飛鳥時代に中国から伝わり、1300年の歴史を持つ日本を代表する漆器工芸であり、夜光貝や白蝶貝などを用いた装飾技法の螺鈿《らでん》を用いて製作される「奈良漆器」。

我が国の最古の団扇《うちわ》、奈良時代、大陸から伝えられた団扇を奈良の春日大社の神職が手内職として作った「禰宜《ねぎ》うちわ」と呼ばれていたもので、それが後に「奈良団扇」となっていきます。

上質の和紙として名高い「吉野紙」。

江戸時代に幕府御用品として栄華を極めた、高級麻織物である「奈良晒《ならざらし》」。

そして茶道に欠かせない茶筅《ちゃせん》、赤膚焼《あかはだやき》も奈良発祥の伝統工芸として日本の文化を育んできました。

◇奈良漆器（写真提供　樽井宏幸氏）

「墨に五彩あり—墨の不思議な魅力」綿谷正之著

墨は、奈良の地において1300年間作り続けられている最も古い伝統産業のひとつ。呉竹の創業者一族として生まれ、「筆ぺん」の開発者である著者の生涯をかけて得た知見をまとめた渾身の一冊で、墨の歴史や製造方法、硯と紙との関係など使い方までわかる墨の大百科。

はじまりの食文化

「はじまりの奈良一覧」の㉘〜㊺は食文化です㉞の漢方は食文化に入れるか迷いましたが、「医食同源」、「薬食同源」の言葉に則ってこちらに加えることにさせていただきました。

奈良には 現代の日本食へと続く、様々なはじまりの食文化があります。日本の食文化を代表する「素麺」に「吉野葛」、さらには発酵食品として多くの方々に親しまれている「柿の葉寿司」、「奈良漬」も奈良が発祥の食文化です。

スイーツの原点でもある饅頭のふるさとも奈良となります。

奈良で初めて誕生した完全甘柿の「御所柿」の特徴は全国各地の品種に受け継がれていきました。

「大和西瓜」という品種の誕生と「苺の促成栽培」という栽培技術は、現在でも我が国の食文化を豊かにし続けている食における技術革新です。日本全国で生産される西瓜種子の約9割が、「大和西瓜」をベースに開発された県内種苗会社から提供されており、またクリスマスの季節に、スイーツのトッピングで欠かすことのできない「いちご」の収穫を可能にした栽培技術に「古都華」、「アスカルビー」に代表される奈良生まれの魅力溢れる苺品種も奈良で誕生しています。

仏教と共に大陸から伝来した「お茶」も奈良が伝来地とされていますし、「豆腐」、「こんにゃく」に関する最も古い記録も奈良に残っています。

また奈良時代に大陸から伝わってきた医療に関する知識である「中医学」と、国

◇女夫饅頭（めおとまんじゅう）

饅頭が歴史に登場するのは、南北朝時代初期。中国から林浄因《りんじょういん》が日本に帰化し、奈良に住みながら饅頭屋を開業。これが、奈良における饅頭のはじまりとなりました。

「年がら年中饅頭祭〜奈良と大和の和菓子巡り旅」太鼓打源五郎著（京阪奈情報教育出版刊）著者が大和の町や村に分け入って菓子の歴史を探り、老舗から新興の奈良県下60店舗を紹介。和菓子の歴史、奈良の年中行事にまつわる和菓子、おすすめ奈良土産など。これ1冊で、大和の和菓子がわかる和菓子百科。

内で身近な自然の恵みを活かした「和方」と呼ばれる民間療法が融合して、「漢方」が誕生しました。

更に古代の文献を紐解き再現された乳製品の「蘇」、現在の「かき氷」へと伝わる氷室により実現した「氷食文化」、そして古代の甘味料「甘葛煎」も歴史深いはじまりの奈良の食文化と言えます。

近年では、ソラマメの一大産地でもあった奈良で誕生した「フライビーンズ」、最近では日本で初めての赤いスイートコーンとして注目を集めている「大和ルージュ」が奈良で誕生しています。

そして世界に広がっている「ＳＡＫＥ」こと清酒のルーツも奈良にあり、古より酒の神をまつる大神神社《おおみわじんじゃ》が存在し、県内の酒蔵では個性豊かな清酒が醸されています。

昨今のガストロノミーという観点で地域の食文化が注目されている中、「奈良漬」、「柿の葉寿司」、「清酒」、「苺の促成栽培」、「完全甘柿」、「茶」、「吉野本葛」、「氷食」、「はじまりの古代甘味料」、「日本初の赤いスイートコーン」については、それぞれのテーマで活躍されている第一人者の方々にインタビューや対談を行って、その専門的な知見をまとめさせていただきました。

インタビューをさせていただく中で、食文化に対しても歴史的、文化的な資料が豊富に残っていることは奈良が持っている歴史文化の大きなアドバンテージとなっていますが、これらを受け継ぎ、情熱と共に語ってくださる専門家の方々の存在も、また「奈良のタカラモノ」と感じさせられた次第です。

それでは、はじまりの食についてご紹介していきましょう。

「風の森を醸す」（京阪奈情報教育出版刊）
日本酒の人気銘柄「風の森」の若き蔵元・油長酒造の山本長兵衛氏が創業３００周年の記念に、日本酒と油長酒造の歴史、「風の森」の魅力について記した一冊。
日本酒ファンはもちろん、日本酒についての知識がなくても、わかりやすい言葉で伝えています。

1　奈良漬

　奈良観光に欠かせない東大寺詣の参道、その軒並みの終わりに現れる森奈良漬店。「既に江戸時代から商いをしていたようですが、正式な記録が残っているのが、明治2（1869）年からなので、創業150年ということにしています」とのことでした。老舗奈良漬店の5代目社長を務められる森麻理子さんにお話しを伺いました。

　奈良漬の歴史をたどると1300年以上前へとさかのぼります。発掘された長屋王家の木簡に「加須津毛瓜《かすづけうり》」、「加須津韓奈須比《かかすからなすび》」の字が記されておりこれらは粕漬けの瓜と茄子だったとされ、現在の奈良漬けの原型のようなものではないかと考察されています。その後、奈良漬の名がはじめて書物に登場するのは、『山科家礼記』（1492年）で宇治の土産として「ミヤゲ、ナラツケオケ一、マススシ一桶、御コワ一器」との記述があります。そして江戸時代になると、奈良の中筋町に住む漢方医の糸屋宗仙氏が、医業の傍に清酒に薬味を加えた色々の酒をつくり、また白瓜を酒に漬けて賞翫していたが、遂に医業を廃しシロウリの粕漬けを「奈良漬」という名で売り出したといわれています。その後、「奈良漬」は幕府への献上品として名を高め、庶民にも愛されるようになった歴史をもっています。また昭和31年に発行された『南近畿の物産』の中でも奈良を代表する産物の一つとして「芳香、美味。万人向のする上品な奈良漬はその名の示すごとく奈良が本場である。」と紹介されています。

　奈良漬の製法の詳細は意外と知られてはいません。まずはそれぞれの季節に応じた野菜の塩漬けを行い、その後、「踏み込み粕」と呼ばれる独特の酒粕に漬けていくのですが、

◇森麻理子さんプロフィール
　1980年生まれ・奈良市生まれ、奈良市在住。㈱森奈良漬店5代目
　奈良漬の製造・販売のかたわら大手広告代理店の女性向けコンテンツライター、メディアインフルエンサー、ブランドアンバサダーとしても活動中。

もりならちゃんねる
YouTube動画

その作業は多くの工程と時間を有し、下漬、中漬、上漬、本漬の段階を踏むことで塩漬けした野菜の塩分を抜きつつ、調味をしていくことおよそ1年。実に、手間とひまをかけて製造されるのが奈良漬です。よく、「手間ひまをかける」と言いますが、手間という職人の技と、隙という長い時間こそが、奈良漬を漬け上げる重要なポイントとなります。

森奈良漬店では、定番のシロウリ、なす、きゅうり、大和三尺きゅうり、隼人瓜、セロリ、金時にんじん、大根、キュウリ、西瓜、ショウガのほか、スモモ、ヒョウタンなども漬種としていますが、大和三尺きゅうりを復活させたのは父であり現会長を務める4代目の森茂です。大和三尺きゅうりは、大和の伝統野菜のひとつで絶滅の危機に瀕していました。そこで、父が自宅の畑から栽培を始め、試行錯誤すること足掛け8年。２００６年に商品化することに成功しました。伝統品種故の歯ごたえの良さは絶品と評されています。伝統食材の復興に取り組むと同時に、近年は奈良を代表する発酵食品の魅力を国内外に向けて発信しています。２０１９年には発酵デザイナー小倉ヒラク氏をキュレーターとして渋谷ヒカリエ d47 Museum で開催された「Fermentation Tourism Nippon ～発酵から再発見する日本の旅～」に奈良の発酵食品として選出。２０２２年には日本食が世界で注目される中、フランスのパリ日本文化会館で日本酒とのペアリング食材として紹介されることになりました。

奈良漬を製造するお店は多々ありますが、それぞれに個性があり、味わいも違います。昔ながらの製法を守り続ける森奈良漬店の他にも奈良には奈良漬店がいくつもありますので、奈良の伝統食であり発酵食品でもある奈良漬けを実際に食べて感じていただきたいと思います。

森奈良漬店
ホームページ

Instagram

2 柿の葉ずし

世界におけるすしの起源は、稲作が盛んな東南アジアであるといわれています。日本へは中国を通して、稲作という米食文化の広がりと共にそれぞれの地域で生まれた発酵食である「すし」。奈良県内にも十津川村の高菜漬けでご飯を包む「目張りすし」をはじめ、下北山村では同じ「目張りすし」の呼び名でも地元の伝統野菜である「下北春まな」の漬物「春まな漬け」を使用したものもあります。さらに東吉野村では朴葉で塩鯖と酢飯を包んで発酵させる「朴の葉すし」など、それぞれの気候風土を活かしてのご当地すしが存在しています。その中でも知名度も高く、奈良を代表する食文化の一つ「柿の葉ずし」について、奈良の食文化にあかるく柿の葉のもつ可能性を追求してこられた平井宗助さんにお話しをお伺いしました。

歴史を遡ると、平安時代中期に制定された『延喜式』には、すでに吉野の鮎ずしの名が登場しています。室町時代になると、発酵時間を短縮し、漬け床となる米飯も一緒に食べる「生成《ナマナレ》」が生まれ、そして調味料が発展することにより、発酵させずに酢をご飯に混ぜて旨みを醤油や砂糖でつける現在の寿司のカタチが出来上がりました。そして江戸時代に生まれたのが握りずしというわけです。

平安時代からつくられていた吉野の鮎すしは塩漬けした鮎の中にご飯を詰めて発酵させていました。吉野の桜を食べて育ったという天然の鮎は、香り高く縁起のよい魚といわれた。鮎すしは江戸時代になると京都御所内の仙洞御所に献上されていたという名誉な記録も残っており、吉野地方の7つの村で鮎ずしが造られ、届けられていたのでした。

◇平井宗助さんプロフィール
奈良県吉野郡出身。大学卒業後、ホテルでサービス業を経験。１９９７年、「柿の葉ずし 平宗」へ入社し、同社10代目の代表を務める。現在はかき氷を通して氷食文化の発信に取り組む合同会社ほうせき箱と柿の葉の可能性を追求する柿の葉茶専門店Ｓｏｕｓｕｋｅを展開している。

そのひとつが、現在もせんどう吉野に続く「つるべすし弥助」であり、歌舞伎や浄瑠璃の演目『義経千本桜・鮨屋の段』のモデルになったことでも有名です。

そして柿の葉ずしは、江戸時代の中期からつくられるようになりました。山深い吉野では、熊野から運ばれてくる鯖が大変貴重な海の幸でした。冷蔵、冷凍設備の無い時代、保存の為に塩漬けにされた鯖は目を細めるほど塩辛かったそうで、その鯖を美味しく食べるため、薄くそいでご飯にのせ、吉野地方には身近にあった柿の葉で包むようになったのが柿の葉ずしのはじまりです。柿の葉には独特の香りに加えて抗菌作用があることを知っていた先人の知恵に驚かされます。

今でも吉野地域の郷土食として柿の葉ずしは夏祭りに欠かせないご馳走です。もともとの郷土食としての柿の葉ずしは、７月頃の柔らかい柿の葉を使用して塩鯖と握飯を包み、重石をして３～４日で乳酸発酵しその「酸味」と魚や米の旨味や甘みで成立していたものが、後年になり、その「酸味」が「酢」旨味や甘味が「砂糖」の酢飯に置き換えられたものと考えられます。２～３日間寝かせてることで味が馴染んでまろやかな味わいに変化するのも柿の葉ずしの特徴で、一度にたくさん仕込み、家族で何日にもわたって食べる保存食としての役割もあります。

現在の柿の葉ずしには長期の保存性を求めないため塩分を抑えて現代人の嗜好に合わせているものが多いです。柿の葉で一つひとつ丁寧に包むことには、抗菌作用で保存性を高めると共に、食べものに真心を込める日本らしい「包むという優しい文化」が込められているのです。

◇「つつむ」という優しい文化
柿の葉ずしの食文化としての価値を子供たちに伝える為に、奈良が誇る映画監督の河瀬直美さんが手掛けられた作品。
監督・撮影・語り～河瀬直美、音楽・茂野雅道、制作・組画 inc

『つつむ』という優しい文化 YouTube 動画

柿の葉茶専門店 Sousuke

平宗ホームページ

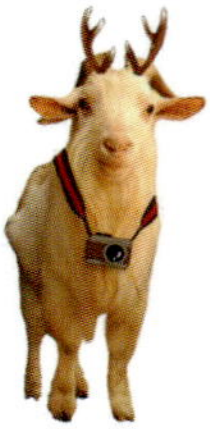

コラム　鹿活《しかかつ》

先に「柿の葉ずし」のことを教えていただいた平井宗助さんには、もう一つの顔があります。それは、奈良公園周辺に生息する国の天然記念物「奈良のシカ」を早朝に撮影し、インターネットの交流サイト（SNS）に写真を投稿する「鹿活」の仕掛け人でもあるのです。

鹿活を約7年前に提唱した平井さんですが、それは元々、写真撮影が趣味で「紅葉の時季、早朝にシカを撮って感動したこと」がきっかけだそうで、「朝は太陽の位置が低く、奈良公園は奈良盆地の東の端に位置していることから、朝日が樹間の隙間から差し込むことで陰影のあるドラマチックな雰囲気に撮ることができる」とのことです。

スマートフォンカメラの進化によって、高級な一眼レフカメラや高性能レンズがなくても楽しめるのも鹿活の魅力。

初心者におすすめのスポットは、高確率でシカと遭遇できる春日大社境内の芝生広場「飛火野」といわれていますが、奈良公園周辺には古都奈良を偲ばせる雰囲気の撮影ポイントがたくさんあり、鹿活を通して奈良の隠れた魅力を楽しむこともできます。

鹿活人口は着実に増えており、「#鹿活」のハッシュタグと共に、神々しく、時に愛らしい数々のシカの写真が共有されています。

「滞在時間の向上等、観光立県としての施策を行ってきた奈良県で、日帰りでない宿泊客を呼び込む一助になれば」と平井さんは願っています。

＃鹿活 Instagram

平井さんの撮影された作品の数々。
人知れず営みを続けている朝の鹿たちの様子が美しい写真におさまっています。

3 ― 氷室

一昔前、ガリガリ氷に原色シロップをかけていた真夏のかき氷は、近年になってフワフワ氷に多彩な味つけをして、冬に食べても美味しいかき氷へと急激な進化を遂げています。

その「氷文化の聖地」として注目が集まる奈良。かき氷の祭典が開催される舞台であり、氷の仕事はじめにかかわる祭神を祀る氷室神社を有しています。

はじまりの氷食について、氷室神社の大宮宮司と、かき氷のブームを牽引し、「ひむろしらゆき祭り」に立ち上げから関わってこられた奈良を代表するかき氷の名店「ほうせき箱」オーナーの岡田桂子さんにお話しをうかがいました。

氷室神社は、『遠弘神主記』によれば、和銅2年（709）に、元明天皇の勅書によって氷室を御蓋山麓に移し、闘鶏《つげ》大神を祀り、つげ諸国に製氷技術を教えたことにはじまるという。氷を蓄えておく氷室については、『日本書紀』に次のような記述があります。

仁徳天皇62年に、応神天皇の皇子である額田大中彦皇子《ぬかたのおおなかつひこのおうじ》が闘鶏に猟をした際、野中に氷室を見つけ、稲置大山主からその構造や氷の利用法を聞き、仁徳天皇に献氷した。以来、朝廷に献氷の制度がはじまったとされています。この場所で、製氷と蔵氷技術が磨かれ、その後に広く普及していくことになりました。ちなみにこの闘鶏とは、奈良盆地の東方山間地域を指すとされています。当時の氷室の構造は、土を1丈（約3メートル）近く掘り下げた縦穴で、穴の底に茅やススキなどを厚く敷き、この上に氷を置いて、さらに草で覆っていたと推測されています。同じく『日本書紀』によれば、大寒に氷を氷室に収め、春分に氷を配ったとの記述もあることから、陰暦の12月に氷を収めて、2月の春分の日に氷を

◇大宮守人宮司
奈良市出身。奈良県立民俗博物館の学芸員を務め、現在は氷室神社宮司。歴史民俗への造詣も深く、「ひむろしらゆき祭」の開催など、奈良の氷食文化の発展も支援している。

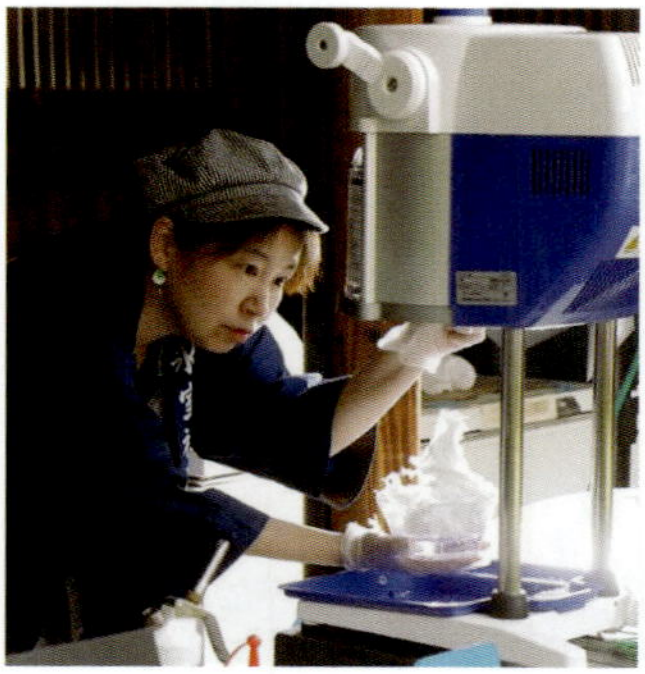

配っていたことになります。これは、古代中国の祭祀が元になっており、皇帝が氷を人に分け与えることにより、気候不順や災害、疫病がなく、豊作になるという自然観を受け継いでいるとされています。

つまり奈良時代には、氷に関する祭祀が行われると同時に、暑い時期には、配られた氷が水や酒に浸して飲まれていたのです。大宝律令制の下では、宮内省管下の主水司が氷室を所管していたが、平城京の東西市には、氷を売る店があったことも史資料から知られ、氷は貴族のものだけでなく一般庶民の間でも用いられたことがうかがえます。

毎年春日野で、春分の日に氷室開きと献氷の祭祀が営まれ、平城宮へ氷を献上していましたが、平安遷都後には廃止されていました。しかし、明治45（１９１２）年、龍紋氷室と大阪氷業界の奉賛の下、氷業界の繁栄を祈る献氷祭として復活して今に続いています。そして平成26年より「ひむろしらゆき祭」も開催され、県内外の有名かき氷店の味が楽しめるイベントとして定着しています。

kakigori ほうせき箱
Instagram

◇岡田桂子さん
合同会社ほうせき箱 代表社員
関西大学文学部卒業後、民間企業勤務を経て、平成27年に合同会社ほうせき箱を設立。
平成26年より続く、ひむろしらゆき祭りの実行委員を務め、kakigori の名店「ほうせき箱」のオーナーとして、奈良県発祥の氷文化である「かき氷」を国内外に普及することに尽力している。

◇献氷祭

氷室神社
ホームページ

4

吉野本葛

寛永15（1638）年に編集され、大和国の名産をとりあげた松江重頼著『毛吹草《けふきぐさ》』の中でも既に「葛粉」として紹介されている「吉野本葛」。県内で古くから物産として名を馳せ、また葛湯など民間療法としても広く利用されてきた吉野本葛の歴史と魅力について、井上天極堂の「葛ソムリエ」として吉野本葛の普及にご尽力されている川本あづみさんにお話を伺いました。

葛は、大豆などと同じつる性のマメ科の植物です。夏の終わりになる季節には、美しい赤紫色の花を結び、その旺盛な繁殖力やつるがどこまでも伸びていく様が『万葉集』にも詠まれています。『万葉集』の研究によると葛は当時から奈良の人々にとって身近な植物だったことがうかがえるように、秋の七草の歌を含めて21首の歌に登場しています。葛の名は奈良県吉野郡の吉野川上流にある地名、国栖《くず》に由来するといわれています。国栖とは、『日本書紀』や『万葉集』にも登場する古い地名であり、山に住んでいた人を国栖人ともいう。この山で生活する人々が、葛の根に含まれる効能を知り、生活に取り入れていたと考えられています。日本で本格的な葛粉生産がはじまるのは江戸時代からで、九州の農学者・大蔵永常によって『製葛録』が書かれ、葛粉の精製方法が広まっていきました。葛は全国各地で育つために静岡の掛川葛、福岡の秋月葛、宮城の白石葛、島根の西田葛などが知られていますが、中でも有名なのが奈良の吉野葛です。先に紹介した『毛吹草』の発刊の後、嘉永元（1848）年に発行された増補改正版の「大和国細見図」にも国中名産として当時の大和国（現在の奈良県）の名産物を紹介していますが、この中に「葛」、

◇川本あづみさんプロフィール

2000年に㈱井上天極堂に入社。葛ソムリエ。葛については神戸大学農学部名誉教授の津川兵衛先生に、料理については国際食学料理家フードフィロソフィストの田中愛子先生に師事。

品質管理で商品開発に従事した後、現在は経営企画室で広報を担当。日本の伝統食材である吉野本葛を次世代に伝える事業の一環として2012年から子ども達に「葛に見て触れて味わってもらう出前授業」を開催し、延生徒数は4万人を数える。また大人を対象にした「葛ソムリエ」資格制度を作るなど、吉野本葛の魅力を伝え、広める活動に取り組んでいる。

「葛菓子」が記されており、絶えることなく吉野本葛が欠かせない食文化として人々の生活に深く結びついていたことがうかがえます。（※コラム「大和国細見図」参照）

葛粉は、葛の根をつぶして繊維状にし、そこから得られるデンプンを何度も水にさらして精製していきます。これは吉野晒と呼ばれ、江戸時代から守られている製法です。この製法には大量の美しい水が必要となり、吉野川を抱える吉野山中が葛粉生産の中心地となったことが推測できます。2週間から1カ月間をかけて真っ白になった葛粉の塊を切り出してから寒風にさらし、約3カ月間かけて乾燥させることで、ようやく完成となります。収穫作業の掘り出しから精製まで非常に手間暇をかけて製造されるのが吉野本葛です。こうしてつくられた葛粉は、和食の餡かけ等々のとろみづけに使われるほか、葛切りや葛餅、胡麻豆腐などにも利用されており、和食に欠かせない食材の一つでもあります。ちなみに、サツマイモデンプンを用いたものを葛粉と呼んでいた慣例が残っているため、現在は葛根から採れる原料のみを用いたものを吉野本葛と呼び、その他のデンプンを含むものを吉野葛と呼び分けています。

そして吉野本葛の原材料となる葛の根は生薬「葛根」としても使用されており「葛根湯《かっこんとう》」という漢方薬に聞き覚えのある方も多いはずです。また葛に多く含まれるイソフラボンから、更年期障害の予防や緩和、骨粗しょう症の予防などの作用が期待されると言い伝えられてきました。さらに美しくて独特の芳香を放つ葛花を乾燥し煎じて飲めば、二日酔いにいいと言い伝えられています。吉野本葛は薬食同源の言葉の通り、吉野地方、宇陀市ではそれを使った葛湯を民間療法に欠かすことのできないものとして、和食食材として、奈良の特産品として大切に受け継がれてきた奈良の誇る食文化といえるでしょう。

川本さんの務める井上天極堂は創業150周年を記念して「葛の本／THE KUDZU BOOK」を出版されました。「白いダイヤモンド」と称される吉野本葛の魅力が余すところなく詰まっており、多くの方に手に取っていただきたい素晴らしい一冊です。

◇手間暇かけて製造される吉野本葛。

㈱井上天極堂
ホームページ

コラム　大和国細見図

大和国を描いた近世の地図は「大和国絵図」を代表に何種類か存在していますが「大和国細見図」は、その中で最も流布しているものとされています。享保20（1735）年に最初の版が刊行され、安永5（1775）年には、ほぼ同内容で改訂版が出されています。そして写真の地図は最後に幕末の嘉永元（1848）年に内容を大きく変更した増補改正版として刊行されたものです。現在では、普段なかなか目にする機会のない地図ですが、これを初めて見せていただいたのは岡本彰夫先生に奈良の食文化についてご教示をいただいた時のことでした。

大和古物の専門家でいらっしゃる岡本先生は、自身が所蔵されているこの貴重な地図を惜しみもなく広げて解説と共に見せてくださったのですが、その感動が忘れられず、その後、探し続けること7年余り、ついにご縁あって現物を手にすることが叶いました。念願の「嘉永版大和国細見図」は、折り畳んだ時の寸法は縦25センチメートル横18センチメートルの長方形で表紙題は「大和国細見絵」、内題は「嘉永増補改正大和国細見図」とあります。作者は大和関屋村の人とされており、木版墨摺りで制作され彩色は施されていません。本図は北が上で表現されており、他に右下に「国中名所」と「国中名産」が挙げられています。

話は前後しますが、この地図を初めて見せていただいた時に感動したことが3点あります。①奈良時代に平城京およびその周辺に存在して朝廷の保護を受けた7つの官寺を指す南都七大寺（東大寺、興福寺、元興寺、大安寺、薬師寺、西大寺、法隆寺）をはじめ

◇店内額装地図
清澄の里粟では額装した「嘉永版　大和国細見図」を展示していますので、ご関心のある方はご来店時に現物をゆっくりご覧いただけたら幸いです。

◇大和国細見図表紙（著者蔵）

とする寺院や江戸末期の集落の単位となる村名（大字）などが詳細に描かれており、かつそれらが現在もそのまま現存していること。②江戸時代に「国中名所」に挙げられている「春日山」「若草山」「佐保川」「梅林」「大峰山」「奈良八景」が今もそのままに観光名所として受け継がれていること。③名所と同じく江戸時代の「国中名産」に目を通してみると、「晒布」「大和柿」「墨」「刀」「奈良人形」「茶筌」「葛」「酒」「筆」「鹿角細工」「素麺」「材木」「陀羅尼助」等々、そこには現在にも受け継がれている奈良発祥の伝統工芸、食文化が既に挙げられています。

当然のことながら地図上には現在の県内39市町村の境界線はなく、郡域を示す境界はあるものの、大和国の姿は電気と石油燃料の普及以前、そして吉野川分水が完成する以前の奈良の姿そのものを表しています。吉野川沿いに吉野本葛の産地が生まれたこと、三輪の初瀬川（大和川へ続く上流）で素麺の産地ができたこと、大和高原に茶の産地が形成されたこと、奈良盆地に西瓜の産地、西吉野に柿の産地が生まれたこと等々は、与えられた奈良の気候風土の中で、それを活かして先人が築いてこられた賜物であることへの理解を促してくれます。地図を眺めながら、また時を経ても価値を失わない数多くのタカラモノを有している奈良の歴史文化に今も触れさせていただけることの幸せと、それを生み出し受け継いでこられた先人に対して尊敬の念を感じざるを得ません。

◇大和国細見図

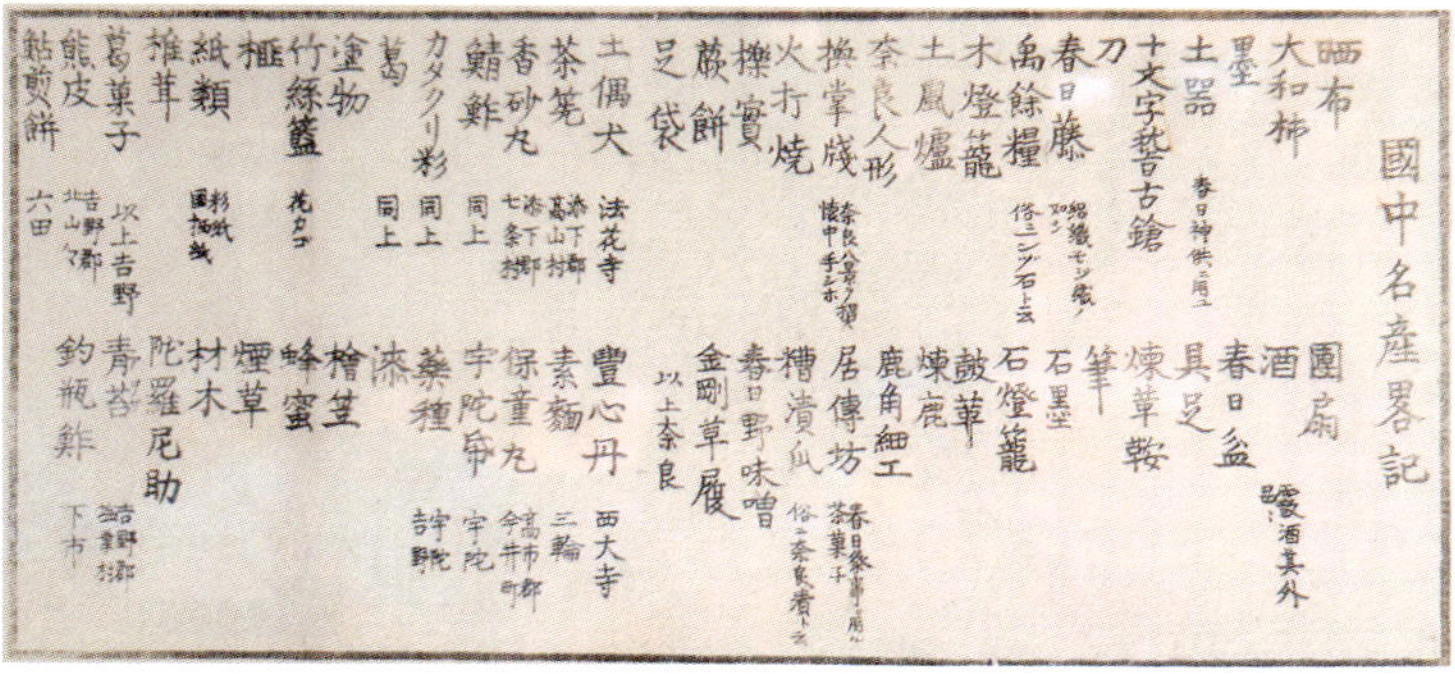

國中名産畧記

晒布　大和柿　墨　土器　十文字甞古鎗　刀　春日藤　禹餘糧　木燈籠　土風爐　奈良人形　擲掌戯　火打焼　櫟實　蕨餅　足袋　土偶犬　茶筅　香砂丸　鯖鮓　カタクリ粉　葛　塗物　竹綵籃　梱　紙類　稚茸　葛菓子　熊皮　鮎煎餅

團扇　酒　春日盃　具足　煉革鞍　筆　石墨　石燈籠　皷革　煉鹿　鹿角細工　居傳坊　糟漬瓜　春日野味噌　金剛草履　以上奈良　豊心丹　素麺　保童丸　宇陀帋　薬種　漆　檜笠　蜂蜜　煙草　材木　陀羅尼助　青[illegible]　釣瓶鮓

◇国中名産写真

5

茶

仏教と共に奈良に伝来した「茶」について、30年に亘って大和茶の研究と普及にご尽力されてこられました元奈良県大和茶研究センター所長の瀬川賢正さんにお話を伺いました。

室町時代の書物『公事根源』によると天平元年(729)に東大寺の大仏開眼の折りにおいて、聖武天皇が「宮中に僧を召して茶を賜った」という記述があります。このことから仏事に茶が用いられたはじまりを見ることができます。

そして茶樹の栽培のはじまりは、それより時を経た大同元年(806)に弘法大師が唐から持ち帰った茶の種子を、佛隆寺(現宇陀市)の開祖、堅恵大徳に与え、現在の宇陀市榛原区赤埴の地に植えたのが最初と伝えられています。

今では日本の食文化に欠かすことのできないお茶は唐から奈良へ伝来し全国へ広がっていきました。弘仁6年(815)には、嵯峨天皇による茶栽培奨励の勅令が出されて以降、脈々と茶栽培は受け継がれていきます。

鎌倉、室町、安土桃山の時代には、現在の奈良市内から吉野までの各寺域に茶年貢を課した記録が残っており、江戸時代後期になると、奈良盆地の東山中(現在の山添村、奈良市の東部山間地域である都祁地域)で茶園が増加し、大和高原を中心に茶の生産量は増えていきました。茶の栽培を奈良県での農業振興の柱の一つとして推進していくために、1924年に奈良県農事試験場茶業分場が設置され、近代茶業の研究と普及がはじまることになりました。

◇瀬川賢正さんプロフィール
元奈良県大和茶研究センター所長。信州大学農学部を卒業後に奈良県に奉職。農業試験場茶業分場に配属以来、30年以上に亘って大和茶の研究と普及に携わる。日本茶インストラクター。

数ある研究で生み出された技術の中で、押田幹太氏による挿木繁殖法が、後の全国の茶栽培に大きな影響を与えることとなります。

茶という植物は、「自家不和合性」という性質を持っており、同じ茶樹の種子を採種して苗を育てても、遺伝的に同一にならないという特徴があります。その結果、実生により生育した茶畑は不均一な樹形と茶葉の質も不揃いとなり、品質が一定しなかったのですが、挿木技術の改良により、良質な茶木をクローンによって増産する栽培技術が確立したことで、同一品種の大量生産が可能になり、茶畑も現在のように葉の大きさや形状、そして樹形が均一化された整ったものになりました。そして茶畑が整うことで、機械による収穫が可能になり安定した茶葉の生産が可能となりました。また、こうした生産技術の進歩の中で生み出されたのが「やぶきた」という品種で、全国の茶樹の7割以上を占めるメジャー品種となりました。

大和高原は、標高300メートル以上の場所が多く、朝晩の温度差が激しい高冷地という条件と平均気温や日照時間が、茶葉が育つギリギリの条件である為に茶葉はゆっくりと育ち、その結果、香り高い良質な茶が育まれるといわれています。かつてはその品質を称して「味は大和で、香りは宇治」と称されたほどです。

茶をテーマに奈良を語る時、大和茶に加えて忘れてはならないことに茶道があります。村田珠光によって奈良で発祥したとされる茶道ですが、大和茶に加えて茶器としての赤膚焼き、奈良晒、そして生駒市の高山地区の伝統工芸として知られる茶筌という茶道に必要な伝統文化の全てが揃っていることは、茶文化発祥のはじまりの奈良の素晴らしさと言えるのではないでしょうか。

コラム　甦るやまとみどり

大和高原は、標高３００メートル以上で、朝晩の温度差が激しく、平均気温や日照時間が、茶葉が育つギリギリの条件である為に茶葉はゆっくりと育ち、その結果、香り高い良質な茶が育まれるといわれています。この地で育まれたお茶は「大和茶」と呼ばれ、その品質は「味は大和で、香りは宇治」と称されるほどです。

ガストロノミーの時代を迎えて品種の個性が見直されている昨今、そこで注目されているのが、奈良県が過去に育成した唯一の茶品種「やまとみどり」です。「やぶきた」と同世代に育成された品種ながら、晩生（収穫時期が最も遅い）であることや、生産性が低いためにその姿は消えてしまったと思われていましたが、ごく一部の茶農家で栽培されていることが分かり、再び光を当てる取り組みを行ってきました。

「やまとみどり」は、大正13（１９２４）年に奈良県農事試験場茶業分場（現奈良県大和茶研究センター）が奈良県山辺郡山添村上津、福井勘次郎氏の茶園から採取した実生樹から選抜されたものです。実際には4年後の昭和３（１９２８）年に茶業分場中の品種候補試験茶園より選抜されました。昭和10（１９３５）年に農林省茶原種圃が当場に設置されるにあたり、奈良59号として原樹が決定され、全国に配布されました。そして農林登録制度が発足した昭和28（１９５３）年に本種は「やぶきた」（茶農林6号）などと共に「やまとみどり」（茶農林10号）として品種登録されることになりました。

本種の育成者は、曾根俊一氏、押田幹太氏、福村秀一氏の３名ですが、押田幹太氏は現在の茶栽培で行われている挿し木技術の基礎を確立した人物でもあります。

◇宮本大輔《みやもとだいすけ》　1967年大阪生まれ
日本茶インストラクター
1990年奈良県採用。主に茶関係の農業改良普及、研究業務に従事。現在は大和茶研究センター所長。奈良県北部農林振興事務所（現北部農業振興事務所）農産物ブランド推進第二係長時代に東部山間の茶業振興に関する業務の一環として過去に奈良県で唯一育成された茶品種「やまとみどり」の再評価に取り組む。
大和茶研究センター所長として県内の茶業振興に取り組む中、「やまとみどり」の再評価に尽力されています。

やまとみどりについてのお問い合わせは
大和茶研究センター
TEL ０７４２－８１－００９１

奈良県北部農業振興事務所時代の平成27年度から2年間、埋もれた技術や品種を評価する農林水産省の「産地ブランド発掘事業」を活用して「やまとみどり」育成、普及の経緯などとともに加工品の試食等々の再評価を行ってきました。茶農家、加工業者と協働し様々なアンケート調査を実施したところ、本種で製造したかぶせ茶、抹茶、紅茶どれをとっても品質的に一定の評価を得ることができました。中でも抹茶を利用した菓子類の色あがりの良さや、かぶせ茶における味の濃さについての評価は非常に高く、かつて天然玉露といわれたことを彷彿とさせますが、現在県内での栽培は非常に少ない状況です。また、そのネーミングからも奈良県を連想させる唯一の茶品種として物語性もあり、非常に興味深く、後世に残していきたい品種と思います。

現在の主流品種に比べて生産性が少ないことからブレンド主体の一般流通より、近年注目されてきたシングルオリジン（単一農園で栽培される単一品種の茶）等、本種の付加価値を表現できる販売形態の中で、生産量の増加を図るとともに奈良の新しいブランド茶に育てていきたいと願っています。

かぶせ茶における味の濃さについての評価は非常に高く、かつて天然玉露といわれたことを彷彿とさせます。

大和茶研究センター内、「やまとみどり」の実験圃場。

6 清酒、菩提酛《ぼだいもと》

世界から脚光を浴びる日本酒ですが、酒は稲作の伝来後、古《いにしえ》より楽しまれてきました。平安時代に編纂された『延喜式』には14種類もの酒について記述があり、平城京跡から発掘された木簡には清酒《スミサケ》、白酒《シロキ》、黒酒《クロキ》、薬酒などさまざまな種類の酒が記されています。しかし、ここでいう清酒は、濁酒を絹で濾したり上澄みを取ったりしたものでした。その後、清酒がはじめてつくられたのが室町時代の菩提山正暦寺《ぼだいせんしょうりゃくじ》でした。日本清酒のはじまりの地である正暦寺の大原弘信住職にその清酒誕生のお話を紐解いていただきました。

そもそも祭祀と深いかかわりをもつようになった酒は、国家誕生とともに朝廷が製造を管理していました。しかし中央集権が確立し奈良に大寺院が建立されると、それぞれの寺院でも「僧坊酒」と呼ばれる酒づくりが盛んに行われるようになりました。

政治の中心が貴族から武家へと移る室町時代になると、朝廷の庇護の元に運営を行っていた寺院がそれを継続していくために利益を得ることが必要になっていきます。そのように時代が変化していく中で、平安時代に一条天皇の勅命により建立された菩提山正暦寺では酒づくりの革新が起こります。同時代、鋸や鉋の伝来により木を直角に加工する木工技術の向上によってより多くの容量を仕込める木桶が普及していきます。正暦寺では、より多く製造するために木桶を利用し、壺による酒づくりに比べ生産量が飛躍的に増加し、その結果、酒が庶民に伝わるきっかけとなりました。

江戸時代になると寺院による酒づくりが禁止されることに伴って、その技術は民間へ移行していくことになり、正暦寺の酒づくり技術も失われてしまい、また度重なる焼失の中

◇大原弘信さん　プロフィール
１９５３年奈良県生まれ。広島大学教育学部を卒業した後、７年間、奈良県の教職員を務める。１９８４年、菩提山真言宗正暦寺福寿院住職に就任し、２００３年からは同寺の住職を務めている。

◇正歴寺は錦の郷と称される紅葉の名所

で、残念ながら正暦寺には当時の清酒づくりに関する資料が残っていませんでした。しかし、外部に残されていた資料である『御酒之日記』などを元に、平成7年、県内の酒蔵15社が集まって「奈良県菩提酛による清酒製造研究会」を発足し、かつて正暦寺で使われていた酒母「菩提酛」の復活を目標に製法の研究が始まりました。２年にわたる研究の末、その過程で製造に欠かせない酵母菌・乳酸菌が境内地に存在していることが証明され、研究で明らかとなった古来の製法により、平成10年には「菩提酛清酒」が復活しました。およそ５００年の時を超えての復活でした。

以来、正暦寺が清酒発祥の地として広く認められ、毎年1月に古来の製法のままの仕込みが同寺で行われています。また奈良県有志の酒蔵が、その菩提酛を使用しそれぞれに個性ある清酒を醸されています。

菩提山真言宗
大本山正暦寺
ホームページ

菩提山真言宗
大本山正暦寺
Facebook

◇日本清酒発祥之地
正暦寺の境内に建てられた「日本清酒発祥之地」の碑

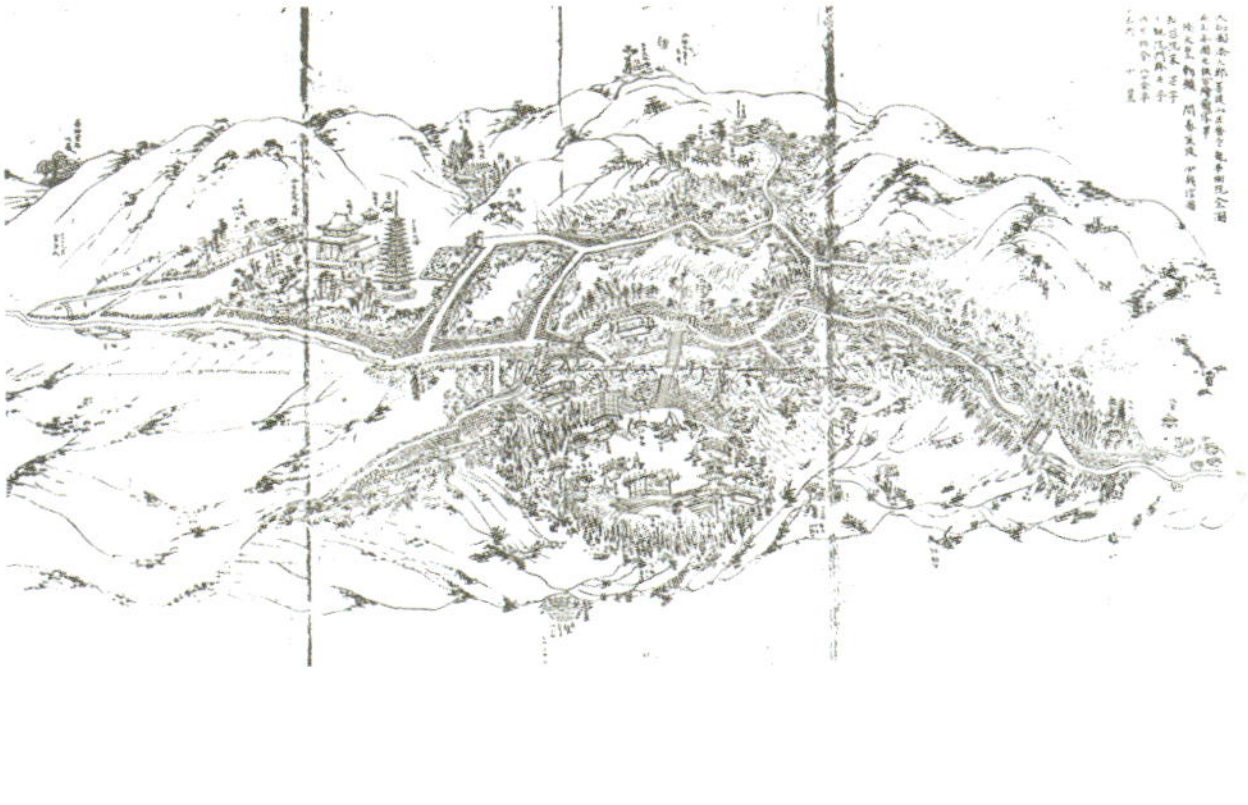

◇正暦時全図
（参考文献『正暦寺一千年の歴史』）
正暦時全図　天正年間（１５７３～９１）の古絵図には正暦寺の宗教都市さながらの様子が描かれています。最盛期の室町時代には、塔頭の数は86にも及び、広大な寺域では最先端の知識や技術をもった６００人から１０００人もの修行僧が起居、活躍していたといわれています。

対談『多聞院日記』にみる酒造り

興福寺の創建は７１０年。平城京遷都の際、現在地に移建されました。中世には、春日社と一体化して大和国（現在の奈良県周辺）を配下に治めるなど、絶大な勢力を築きます。最盛期には１００箇院あまりの子院を数え、そのうちの一つであった「多聞院」では、卓越した酒造りを行っていました。

三浦　ここでは、興福寺山内・常如院主の辻明俊さんに、酒造りに関する貴重な記述がみられる『多聞院日記』についてご紹介していただきます。まず日記について簡単に教えてください。

辻　『多聞院日記』は多聞院主を中心にして、およそ１４０年にわたり書き綴られた日記です。『多聞院日記』は中世の奈良を知る上で、大切な資料として注目されてきましたが、日々の暮らしについても仔細《しさい》あって、とても身近に思える記事もあります。

三浦　日記の筆者として多聞院英俊という名が知られていますが、どのような人物だったのでしょうか。

辻　当時は実名の英俊とは名乗らず長実房《さねみぼう》と名乗っていました。１５１８年に大和国有力国人十市氏の一族として生まれ、11歳の時に興福寺子院の妙徳院に入ります。多聞院の院主となったのは天文末年頃と考えられ、79歳で亡くなるまで日記を書いています。とても筆まめな方でした。

三浦　日記に書かれるお酒造り。どのようなことが書いてあるのか気になります。

辻　結論から言えば「諸白・段仕込み・上槽・火入れ」という現代の酒造りに欠かせない作業が既に行われていたことが分かります。もちろんこういった技術は、それ以前からあったのかもしれませんが、すくなくとも安定した仕込みと旨い酒を醸せるようになった、そう考えて良いと思います。

三浦　現代の酒造りに近いお酒を想像するとわくわくします。お酒造りにかかせない麹菌や

◇辻明俊さん プロフィール

１９７７年12月27日生まれ（出身地：奈良県）

２０００年に興福寺入山。２００４年から広報・企画事業などに携わり、現在に至る。

２０１１年、法相宗では一生に一度しか受けることを許されない「竪義加行」を成満。

２０１２年に興福寺・常如院住職を拝命。

２０２３年4月、興福寺執事長に就任。

【著書】

『興福寺の３６５日』（単著　西日本出版社、令和2年）など

法相宗大本山
興福寺
ホームページ

酵母という概念もないわけですから――。

辻　麹菌や酵母という微生物の世界は科学技術の発展もあり、様々な働きが解明されています。我々僧侶は神仏の照覧《しょうらん》（視線）を意識しています。むかしの人たちが目に見えない世界の働きを信じることができたのも必然だったのかもしれません。発酵という変化は、神さまや仏さまが与えてくれる力として。素直にうなずけたのでしょう。

三浦　なるほど。では、寺院醸造の目的、またどのようにして発展したのですか。

辻　寺院でのお酒造りの目的は神仏へのお供え、薬や調味料であったと考えます。そして、醸造技術が高まると奈良酒は評判をよび、贈答品として重宝されるようになって、寺院経営のための財源調達手段の一つに変化を遂げていくのです。大伽藍ともなれば維持に莫大な費用が必要となります。そういう状況下においてお酒造りは主要な産業となっていきました。

三浦　「天野酒」「菩提泉」といった僧坊酒は聞いたことがあります。

辻　「天野酒」は大阪河内にある天野山金剛寺のお酒で、豊臣秀吉が好んで飲んでいたと伝わります。一方、「菩提泉」は、興福寺大乗院方であった正暦寺で造られていたお酒のことです。南都で醸された澄んだキレイな清酒は、公家や大名への贈答用として「南酒」「南樽」「山樽」と名づけられ都へ運ばれていました。

三浦　造りの技術が向上し、興福寺界隈での酒造業の隆盛を感じます。最後に『多聞院日記』にみる酒造りの取組みについて聞かせてください。

辻　油長酒造（御所市）が『多聞院日記』に記された酒造りを復刻しました。私も作業を体験し、その時代の作り手が（大甕で仕込みながらも）現代の酒造りに通じる三段仕込みを行い、微生物と会話を重ね、丁寧な酒造りを心がけていたと感じることができました。一般に砂糖がなかった時代、醪の甘い香りは心身を優しく包んだにちがいありません。

三浦　古い文献に風を通し、そこから得る知識と五感を使う酒造りこそ、文字と文字の間をうめる手段ですね。奈良の文化と風土が酒を醸していく。ほんと嬉しくなります。貴重なお話しをありがとうございました。

◇多聞院日記
『多聞院日記』は全46巻で構成され原本は現存しない。翻刻は興福寺蔵の写本を底本とし、英俊自身の日記は4巻（1539年7月）から42巻（1596年6月）となり、43巻は夢の記録や記述の増補となる。

興福寺の 365 日

コラム　奈良地酒に出会えるお店　登《のぼり》酒店

併設されている近鉄天理駅とJR天理駅前の新しいランドマークとなっているコフフン広場から西へ向かって歩くこと数分、JR万葉まほろば線の線路の高架下をくぐり、地元の食堂、パン屋などのお店が並ぶ通りを進むとモダンな建物が現れます。

登酒店は創業約120年。同店3代目の登和成さんが県内の酒蔵と深く親交されていく中で出会った「生原酒」の魅力。その「搾りたての美味しさと感動を多くの方に共有したい！」との思いで、無濾過の生酒・生原酒の品揃えを増やし、その物語を伝えていくことで構築された同店の経営スタイルは、まさに「酒のセレクトショップ」。

同店は、現在の奈良地酒ブームを牽引し、小売店のポジションで様々な奈良県内の酒蔵と併走しながら奈良酒の魅力を伝えることに大きく貢献されてきた中心的存在です。

4代目の和哉さんは、セレクトショップは「自分のフィルターを通して自分が納得いく商品を信頼関係にある酒蔵から直接仕入れて、お客さんに提案するというもの」と語り、販売するお酒は必ず自分自身がテイスティングして責任を持って仕入れ、その商品紹介をホームページやブログ、インスタグラム等のSNSで発信し続けています。

現在、登酒店では奈良の地酒に加えて、県外の志を共感できる酒蔵の日本酒、そして県内外のクラフトビール、厳選されたナチュラルワインに焼酎などを含めると、1万点以上の商品を取り扱い、「仕入れるお酒が、ほとんど僕が飲みたいお酒です」とのことです。

4代目として家業を継ぐ以前、東京でアパレル企業の社員として有名ブランドのセール

◇登和哉さん
アパレル業界でトップセールスとして活躍されていた経験をもつ4代目の和哉さん。自身がテイスティングし、自分の言葉で綴られている新商品の特徴を発信されているブログやSNSも奈良酒ファンには必見です。

ホームページ

Instagram

ス経験をもつ和哉さんは「ファッションは何でも試着できて自身の好みを五感で体感できるのに、何故酒屋は試飲できないのだろうか?」、「日本酒は無限の個性があり、メーカーコメントやラベルを見ただけではわからないことも多い」と疑問を感じたことをきっかけに、店舗を訪れる顧客のために無料試飲サービスを行なっています。地酒専門店では有料試飲サービスを行っている店は多々ありますが、無料で、しかも、ほとんどの取り扱い商品を試飲させていただけるのも登酒店の大きな特徴となっています。

3代目と4代目の語られる奈良酒の「不易流行」な奥深い物語と共に、既にブランドとなっている人気銘柄はもちろんのこと、まだまだ広く知られていることのない奈良酒の魅力にも触れることのできるお店が登酒店なのです。

県内の酒蔵と深いつながりと信頼を築いてこられた同店は、酒蔵の既存商品の販売に加えて限定商品のプロデュースもサポート。酒蔵とのコラボレーションによる限定商品の販売も行っています。

◇登酒店写真

「酒のセレクトショップ」と称されるお洒落な店舗は、駅からも近く、ネット販売もされていますが、ご来寧の際には是非とも実際に足を運んでいただくことをおススメしたいお店です。駐車場有り

◇登酒店3代目　登和成さん

いち早く奈良県内の酒蔵で造られる生酒の美味しさと、その理念ともいうべき物語の素晴らしさに気づき、小売店のポジションで様々な酒蔵と寄り添いながら地酒ブームを牽引してこられた第一人者。4代目の和哉さんと共に奈良酒の魅力を伝えることにご尽力されています。

facebook

登酒店 X

コラム　奈良地酒に出会えるお店　なら泉勇斎《いずみゆうさい》

奈良県内27を数える酒蔵が加盟する奈良県酒造組合が認定する唯一の奈良酒専門店が「なら泉勇斎」です。

2012年に酒造組合のアンテナショップの役割を担って開店した同店の店長を務める山中研太郎さんは酒蔵の物語、そして店で扱われている100を超える銘柄についての広い見識を、優しいお人柄で語ってくださる奈良酒のオーソリティです。

「お店のコンセプトとして、奈良県酒蔵組合の酒蔵が造る奈良酒だけを取り扱うことに特化していますので、その27酒蔵の魅力を広く知っていただけたら嬉しい」と山中さん。

その為に有料試飲サービスを行っています。「全国的に知名度の高い銘柄も奈良にはたくさんありますが、まだまだ広く知られていない酒蔵のお酒にも試飲を通して紹介していきたい」と語ります。

奈良酒の特徴について尋ねると、「非常に個性豊か」と即答いただき、続けて「蔵のオーナーさんも蔵人も個性豊かで、それぞれのコンセプトがあり、造られるお酒もまた魅力的な個性が醸されている」と語ってくださいました。事実、奈良酒は軟水で造られるものもあれば、硬水で造られているお酒もあり、それをベースに醸された酒は酒蔵の個性が相俟ってバラエティーに溢れています。

店内に置かれている奈良県酒造組合のパンフレットには「奈良酒～はじまりと、これからの酒」と題して、「日本の酒の歴史と永く深く関わり、その進化を担ってきた奈良酒。奈良酒とはこの地で醸された伝統的な酒でありながら、これからの伝統をつくっていく酒

◇なら泉勇斎
店舗は奈良観光の中心にある奈良町にあります。「はじまりと、これからの酒」である奈良酒にご関心のある方は是非とも足を運んでいただきたいお店です。

奈良県酒造組合加入の27酒蔵のお酒が全て揃っている唯一のお店です。

とも言えます。」と記されており、今も続く伝統と革新から造られる奥深い奈良酒の魅力にふれていただけるお店です。

◇試飲カウンター
観光客に加えて地元のリピーター客も多く訪れる店内の試飲カウンター席では、山中さんから聞かせていただける作り手の情報、物語りを肴に自然と交流がはじまり、奈良酒談義に華が咲きます。

◇奈良県酒造組合リーフレット
奈良県酒造組合の蔵元紹介と清酒発祥の歴史を綴ったリーフレットです。
奈良県酒造組合ホームページよりＰＤＦデータがダウンロードできます。

奈良県酒造組合

なら泉勇斎
Instagram

なら泉勇斎
ホームページ

7　完全甘柿

日本には約1000種類もの柿があり、それぞれの地域で個性あるご当地柿が食されてきました。そしてその柿栽培の歴史の中で、日本で初めて樹上で完熟する完全甘柿が奈良で誕生し、全国へと広がっていきました。はじまりを巡る旅「完全甘柿」について、奈良が誇る柿博士の浜崎貞弘さんにお話を伺いました。

正岡子規が詠んだ有名な一句に「柿食えば　鐘が鳴るなり　法隆寺」という俳句がありますが、実はこの時に食べられていた柿こそが御所柿だったと言われています。食通で知られる正岡子規は、特に果物にうるさかったとされていますが、「柿といえば御所柿」と語っていたことが伝えられています。

柿は中国を原産とする果物で、弥生時代に日本へ伝わったとされています。大阪や静岡の遺跡から柿の種子が出土し、また文字としては、正倉院に残る文書に、干し柿を購入した記録が残っています。これは奈良時代から柿が食べられていた証拠であり、また当時の柿は渋柿だったと考えられています。つまり干し柿にするなど、渋抜きする必要があったわけです。

ところが戦国時代に奈良県中部に位置する御所国（現在の御所市）で、突然変異による甘柿が出現します。それは御所《ごせ》で生まれたから御所柿《ごしょかき》と呼ばれることになり、これが日本で最初の完全甘柿の誕生となります。

時代は下り江戸時代、『和漢三才図会』などの書物には、大和の名産として御所柿が紹介されており、宮中や幕府にも献上されたと記述があります。ちなみに、織田信長も

◇濱崎貞弘さんプロフィール
奈良県果樹薬草研究センター所長。
1964年生まれ。香川大学農学部卒。奈良県農業研究開発センターで柿タンニンの高速抽出技術や柿紅葉の長期保存技術、産地の高齢化に対応した柿葉栽培技術等を開発し、2013年には柿渋のシンポジウムを主催。2023年には柿タンニンを活用して、古代甘味料「あまづらせん」の味を再現したあまづらシロップを完成させるなど、県内外の大学や企業と積極的に連携を進めて奈良県の特産品づくりに邁進している。また、NHKなど全国ネットのテレビ番組にも多数出演し、柿の魅力や柿タンニンのパワーを全国にアピールしている「柿」の伝道師である。

◇御所柿

柿が好物であったようで、当時の食事の献立表の中にも御所柿が登場しています。

甘柿の品種として最も有名な「富有柿」は岐阜県が発祥ですが、これは居倉という場所で出来た御所柿のことで、昔は「居倉御所」と呼ばれていました。また、鳥取県の「花御所」という品種も、「御所柿」から接ぎ木されたものといわれています。このように甘柿のルーツとして、各地に御所柿の子孫が残っており、これは、当時流行していたお伊勢参りの際に、御所柿の枝を持ち帰って接ぎ木したり、種子を持ち帰ってまいたものと考えられています。

御所柿は「羊羹のようにとろけるような食感」といわれ、その上品な甘さは和三盆にもたとえられています。しかし環境の変化に弱く、収穫量が少ないなどの理由から栽培されなくなり、一時は数件の家の庭に残るまでに減少してしまいました。幻の柿とまでいわれるようになっていましたが、近年、その美味しさに再度注目が集まり、御所市の名産として、御所柿の復活に取り組んでいます。

柿博物館
奈良県公式
ホームページ

◇柿博物館

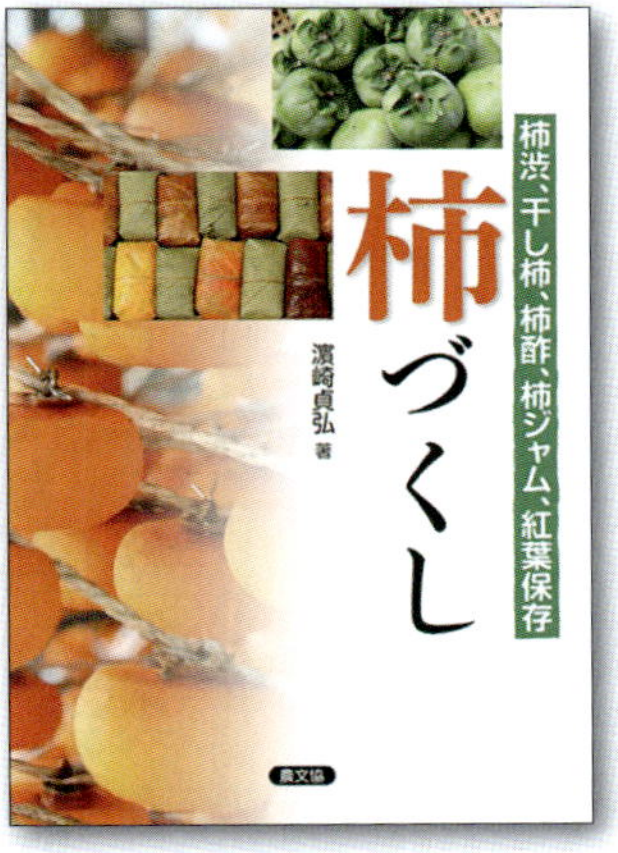

『柿づくし』濱崎貞弘著、農山漁村文化協会

◇刀根早生

◇刀根早生柿発祥の碑

奈良県発祥品種として有名な柿には「御所柿」の他に「刀根早生柿」が挙げられます。

コラム

「奈良の食文化干し柿」

奈良県五條市は柿の生産量日本一の市町村として知られています。その五條市西吉野町で祖父の代から140年続く柿農家3代目の平井満男さん、久美さんご夫妻がオーナーを務められる平井農園の果樹畑は、吉野三山の銀峯山（銀岳・標高610メートル）の中腹に位置し、自然豊かな傾斜地で太陽をいっぱい浴びた畑では「樹上完熟」した果実だけを収穫し、お客様にお届けする努力を続けてこられました。梨は、「幸水」、「20世紀梨」を栽培。柿は奈良県発祥品種の「刀根早生柿」から始まり、とっておきの干し柿に加工される「平核無柿」、そして樹上完熟にこだわった「富有柿」と巡る季節にそっての収穫が続きます。

トロピカルフルーツのマンゴーや苺をはじめ果物は木や苗で生かされたまま完熟させることで、その本来の甘味や風味が最高潮になり、それがフルーツ本来の醍醐味となりますが、流通期間を考慮しての完熟手前での収穫を行うことによってその醍醐味は失われてしまいます。生産物を最高のコンディションで味わってもらうために、元々音楽制作会社の経営経験がある妻の久美さんが注力してこられたのが、ホームページ、ブログ、SNSでの情報発信とインターネットによる直売と個人注文の充実でした。一度、果物を口にした方はリピーターとなり、その口コミで新しいお客さんが増えていきます。ご夫妻の能力と農園スタッフの努力で、現在の平井農園のスタイルが出来上がりました。

3代にわたって受け継がれてきたご経験と栽培技術のもと、美味しい梨と柿を育てることに毎年「一意専心」に向き合ってこられた満男さんの育てられる果物は、ま

樹上完熟にこだわった平井農園の富有柿。

樹上完熟された「平核無柿」を使用し、西吉野の気候風土を活かした寒風熟成製法という約2か月かけてじっくり乾燥させられた「とっておき干し柿」は絶品の自然な甘さを堪能できる至高の一品。

さに「奈良のタカラモノ」。

奈良県内のレストランシェフ、パティスリーはもちろん、全国にたくさんのファンをもつ平井農園の梨と柿を多くの方々に味わっていただきたいと願ってやみません。

平井農園
ホームページ

平井農園
facebook

平井農園３代目の満男さん。この町に富有柿が導入された時期に満男さんの祖父が立ちあげられたのが農園のはじまりです。

一意専心に柿づくりに取り組まれてきた満男さんと、直売の仕組みを構築する久美さんのプロデュース。平井農園のとっておきの果物は、仲睦まじいご夫妻の思いのこもった賜物です。久美さんは、奈良県指導農業士会の会長を務めておられます。

写真提供：N.I.PLANNING CO.,LTD.

平井農園のマスコットキャラクター愛ヤギの銀次くん。

特集　奈良の郷土食

39市町村で構成されている奈良県は、盆地、高原、山間といった多様な気候風土を有しており、それぞれの地域文化に根ざした多くの個性的な郷土食が存在しています。

こちらの特集では、奈良県食農部の職員として、県内の食と農の振興に取り組まれてきた下浦隆裕さんにご協力いただき代表的な奈良の郷土食をご紹介してみました。

①柿の葉寿司～「柿の葉寿司」は、塩で締めたサバを酢飯と一緒に柿の葉で包んだ押し寿司のことです。同じ押し寿司として、東吉野村の郷土食の「朴の葉寿司」があります。

②奈良のっぺ～里芋、大根、人参を具材に、昆布や干ししいたけのもどし汁をだし汁として使った精進料理で、里芋が煮くずれて、自然にとろみがつくのが特徴です。

③大和の雑煮～豆腐、祝だいこん、金時人参、里芋、丸餅などが入った白味噌仕立ての雑煮で、雑煮の餅を取り出して、砂糖入りのきな粉につけて食べる地域が多いです。

④茶粥～「おかいさん」といわれる奈良の「茶粥」は、煮出したほうじ茶の中に冷やごはんを入れて炊いたもので、奈良を代表する日常食です。

⑤半夏生《はんげしょう》餅～夏至から数えて11日目の半夏生の季節に、つぶし小麦と、もち米を混ぜてついた餅です。別名を「小麦餅」、「さなぶり餅」ともいわれています。

⑥葛餅～添加物を一切含まない葛デンプン100％の葛粉である「吉野本葛」から作られる透明でプルプルとした舌触りのいい餅です。

⑦蛸もみうり～小口に切ったきゅうりを塩でもみ、タコと和えた酢の物のことです。両面をあぶり千切りにした薄揚げを加えた「もみうり」は夏の定番の家庭料理です。

⑧柿なます～奈良県では古くから大根と人参を使用した紅白なますに、干し柿を入れた柿な

◇下浦隆裕さんプロフィール

奈良県生まれ。農家のこせがれ。三重大学卒業後奈良県に奉職。

農業土木技術者として農村地域づくりに携わると共に、ミシュランガイド奈良、シェフェスタ、奈良コレ等々、豊かな食と農の振興とその条例制定にも関わる。

現在、官民学など多様な方々と奈良の食文化や食材を活かした地域振興を勉強中。

地元山添村では「しめつぐPJ」の一員として、遊休農地を活かし、小学校の田んぼ体験や大しめ縄づくりの交流、もち米のお酒「TUMUGU」による村おこし活動に参加中。

自身も食と運動でダイエットした経験から、旬の野菜を食べることとランニングを欠かさない。

はじまりの奈良
これからの奈良
YouTube

ますが正月の定番おせち料理の一つとして食されてきました。

⑨でんがら～餡を包んだ餅を朴《ほう》の葉でくるんだ伝統菓子。東吉野村と川上村では、端午の節句に粽《ちまき》と「でんがら」をつくる風習があります。

⑩めはり寿司～「まなめはり」は、塩漬けした下北春まなを使用しためはりずしのことです。高菜を使った「めはりずし」も十津川地域では郷土料理として伝わっています。

⑪ずいきの和物～「ずいき」とは里芋の葉柄で、唐の芋や八つ頭の葉柄はアクが少なく、皮を剥き乾燥すると「芋がら」と呼ばれる保存食となり、もどして煮物等に利用されます。

⑫しきしき～奈良県で栽培が盛んであった小麦を粉にして、水と砂糖を入れて薄く焼いた戦前からある奈良のおやつです。

⑬生節とねぎの煮物～生節は、ねぎやふき、たけのこなど旬の野菜と炊き、よく食べられています。特にねぎとの相性がよく、「生節とねぎの煮もの」はよく食されています。

⑭七色のお和え～真言宗の盆のお供え料理の一つで、なす、かぼちゃ、ごぼう、人参、さやいんげん、ずいき、みょうがなど7種の野菜の和え物のことです。

⑮古代ひしお・奈良醤油～ひしお（醤）とは魚や肉、穀類を塩漬けにして発酵させた調味料です。大豆を主原料とした穀醤は、醤油のルーツと言われています。

⑯十津川ゆべし～ゆずの中身をくりぬいて、味噌や米粉、そば粉などを混ぜたものを入れ、その後、蒸してから藁で包み乾燥させたもので、酒のつまみや、ご飯のおかずとなります。

⑰奈良漬～奈良漬けは、野菜を塩漬けして酒かすに漬け込んだものです。漬け種と呼ばれる漬ける野菜は、シロウリを始めとして、野菜や果物などさまざまです。

⑱三輪そうめん～寒さが厳しく乾燥した冬の奈良盆地で生産される。「ウマシ」と呼ばれる熟成工程を重ねることで、ゆで延びが少なく、のどごしがよいことが特徴です。

⑲夫婦饅頭～桜井市黒崎地区の名産として江戸時代末の観光案内書「西国三十三所名所図会」に登場し、かつて伊勢参りの土産物として人気を博していました。

①

②

③

④

⑤

⑥

⑦

⑧

⑨

⑩

⑪

⑫

⑬

⑭

⑮

⑯

⑰

⑱

⑲

写真提供：
奈良県、農林水産省
⑯十津川村
⑲やまとびと

農林水産省
うちの郷土料理
奈良県

奈良コレ

8　イチゴの促成栽培技術

品種ごとに異なる風味と甘さがあり、美しい赤色で丸ごと食することができるイチゴは多くの人に愛されている果物の一つです。野生種のイチゴは縄文時代から食べられていたとされおり、また奈良時代に編纂された『日本書紀』に「イチビコ」という名で登場する果物がイチゴの語源と云われいます。そして現代のようなイチゴが日本へ伝わったのは江戸時代後期オランダ人がもたらしたことから当時は「オランダイチゴ」と呼ばれていました。野イチゴを摘んだことのある方ならお分かりの通り、本来のイチゴの旬は春遅くから初夏になりますが、その国産イチゴが冬のクリスマスケーキにトッピングされていることは奈良県で生まれた栽培技術の賜物に他ならないのです。「アスカルビー」、「古都華」をはじめとする奈良イチゴの品種育成に携わってこられたイチゴ博士の西本登志さんに奈良県のイチゴ栽培の歴史についてお伺いさせていただきました。

奈良県では大正時代から露地による栽培が始まり、昭和40年代には全国で3位の生産量を記録するまでにイチゴ栽培は成長しました。そして昭和40年代中頃には電照技術とジベレリン処理技術を用いた促成栽培技術を確立し、大きく躍進することになります。

イチゴは秋に定植を行うが、そのままでは休眠してしまい、花を咲かせるのが春になってしまうのですが、それを避けるために日没後にハウス内を明るくすることで日長を確保し、ジベレリンという植物ホルモンを与えて休眠を回避させることに成功しました。この技術こそが当時の奈良県農業試験場の元場長であった藤本幸平氏が開発したものです。

当時は年内に出荷するイチゴは高価で取引されたため、「年内に株当たり3個収穫して

◇西本登志さん
プロフィール　京都大学農学部を卒業後、奈良県に入庁。現奈良県農業研究開発センターにて「アスカルビー」、「古都華」、「珠姫」、「奈乃華」、「ならあかり」の育種に関わる。現在は大和野菜研究センターの所長を務める。令和5年には第79回「農業技術功労者表彰」において農林水産技術会議会長賞を受賞。

ハワイ旅行へ行こう」というキャッチフレーズもあったらしいです。そしてこの先駆的な技術を学ぶ為に県外から多くの視察者が奈良を訪れ、この技術が次々と全国へ広がっていくことになりました。

こうして年内に国産イチゴが流通することが可能となり、クリスマスケーキに真っ赤なイチゴがトッピングできるようになったのです。

その後、産地の規模としては栃木県、福岡県はじめとする他府県の後塵を拝すことになるが、奈良県イチゴの歴史は、奈良県生まれの栽培技術と生産を担ってこられた生産者の存在と技術が礎となり、「アスカルビー」、「古都華」を代表とする付加価値を生み出す個性豊かな品種の研究へと続いていくことなりました。

特集

奈良県オリジナル苺5品種の魅力

奈良県でいちごの本格的な栽培が始まったのは昭和30年代頃中頃で、昭和40年になると甘くて収量の多い品種「宝交早生《ほうこうわせ》」の栽培が広がりました。高度経済成長による需要の増加もあり、奈良県がイチゴの産地として成長していくと同時に、昭和40年代には奈良県農業試験場（現農業研究開発センター）でイチゴの収穫時期を伸ばす研究が盛んに行われました。現在、全国で主流となっている促成栽培の礎となる技術を確立し、全国で初めて12月からいちごの収穫ができるようになりました。そうした産地としての土台があったことで、奈良県では品種として付加価値の創出を目的として、平成12年に「アスカルビー」、平成23年に「古都華《ことか》」を品種登録。その後も「古都華」の長所を受け継ぐ「奈乃華《なのか》」、大きくて酸味が少ない「珠姫《たまひめ》」、爽やかな香りをもつ「ならあかり」など、個性豊かないちごが誕生しています。

こちらの特集では、西本さんと共に奈良県オリジナル品種の育成に関わった東井君枝さんと県内の多くのシェフやパティシエ、バーテンダーと交流しながら、いちご生産をされている萩原いちご農園3代目の萩原健司さんに奈良いちごの魅力についてご紹介いただきます。

東井さん……奈良県のイチゴ生産者は、技術への探究心が強く、それらを活用できる高い技能も持っておられます。このことは、育種をする私たちの大きな支えとなります。交配し、「とても美味しいが、栽培が難しい」イチゴができた時、このイチゴを残すか捨てるか、迫られます。産地の生産者に技術力がなければ、捨てざるを得ません。でも、「奈

◇東井君枝さんプロフィール

1970年生まれ。1993年に奈良県に農学技師として入庁。農業改良普及員として野菜の担当として生産者の支援にあたった後、農業試験場（現農業研究開発センター）で主にイチゴの栽培技術の研究やの品種開発に携わってきた。生産者の近くで、生産者に役立つ技術を生み出し、伝えたいとの想いで普及、研究を行ってきた。

◇萩原建司さんプロフィール

良県の生産者なら作りこなせる」と信じているからこそ、美味しいイチゴを選ぶことができます。奈良県の生産者の技術力を信じて送り出した奈良県オリジナル5品種を楽しんでいただければ幸いです。

萩原さん……絶妙の酸味とジューシーな食感に優れる「アスカルビー」、そして非常に大きなサイズの果実を実らせる「珠姫」は独特の個性に溢れています。そして「古都華」に加えて、「古都華」の系統でもある「奈乃華」、「ならあかり」の3品種を「奈良いちご～古都華3姉妹」と称しています。「古都華」はフルーティーな甘い香りと濃厚な味わい、そして「奈乃華」は「古都華」に似た味わいを持ちながらも皮がしっかりしていることで遠方への贈答用としても適しています。また「ならあかり」は「古都華」に比べて収穫時期が長く、粒ぞろいが良く、少し小ぶりな果実はケーキやデザートづくりでの需要も高いです。イチゴの味わいは一言で表現するのが非常に難しいというのが現実ですが、収穫時期や産地、土耕栽培なのか高設栽培なのかといった栽培方法にも注目していただき、それぞれの品種特徴と魅力を活かした活用を楽しんでいただけたら嬉しいです。

1982年生まれ。萩原苺農園3代目。「古都華」の魅力に出会ったことをきっかけに、自家直売のスタイルを確立。県内のレストランシェフ、パティスリー、かき氷店等々との直接取引を通して、いちごの美味しい収穫時期にこだわった販売を行っている。

萩原いちご農園　奈良市横井6596　TEL 0742（81）8715

◇アスカルビー
平成12（2000）年品種登録
筆頭育種者　泰松恒男氏
程よい酸味とジューシーな食感が特徴。奈良県オリジナル品種第一号。

◇古都華
平成23（2011）年品種登録
筆頭育種者　西本登志氏
フルーティーな甘い香りと濃厚な味わいが特徴の大人気の品種。

◇珠姫
令和元（2019）年品種出願公表　筆頭育種者　東井（静川）君枝氏　卵サイズの大きな果実を実らせる。酸味が少なくさっぱりした味わいが特徴。

◇ならあかり
令和3（2021）年品種出願公表
筆頭育種者～矢奥泰章氏
味のバランスが良く、口の中に広がるさわやかな香りと風味が絶妙。

◇奈乃華
令和２（2020）年品種出願公表
筆頭育種者　東井（静川）君枝氏
「古都華」の特徴を受け継いだ濃厚な味わいに加えて、皮がしっかりしていることが特徴で輸送を経る贈答品としても適している。

9 大和《やまと》西瓜《すいか》

現在、国内で生産されるスイカの種の80%以上が奈良県内の種苗会社から供給されています。つまり国内で生産されているスイカのほとんどが奈良生まれのスイカということになります。奈良県にとって、この誇り高い事実はどれぐらい知られているのでしょう?!

はじまりを巡る旅「スイカ編」は、一般社団法人日本種苗協会奈良県支部の顧問を務められるナント種苗株式会社社長の森井哲也さんと同支部の理事を務められている株式会社神田育種農場社長の神田稔さんのお二方にお話をお伺いさせていただきました。

森井……スイカの原産地については諸説がありますが、1857年にイギリスの医療伝道者であるリビングストンが南アフリカの中部のカラハリ砂漠（現在のボツワナ共和国）でスイカの野生種を発見したことから、南アフリカが原産地とされています。栽培の歴史はエジプトで始まったとされていましたが、近年の研究では栽培も同じカラハリ砂漠が起源ではないかとされています。その後、栽培化されたスイカはヨーロッパ中部、インド、中央アジア、中近東と広がり、11世紀には中国に伝わり、その後シルクロードを経て西域から広められたことからスイカを漢字で「西瓜」と表されることとなりました。

寛永時代の末（1640年頃）に、中国から日本に渡来したといわれるスイカは、しだいに各地に普及し、江戸時代の後期になると商品作物として全国に広がっていきます。

スイカの歴史を語る上で全国的にも貴重な資料が奈良に存在しています。天保13（1842）年に、川西町の糸井神社に奉納された絵馬の一端には、神社の境内に店を出し、大和樽で冷やしたスイカを切り売りされている様子が描かれており、すでにこの頃には、大和

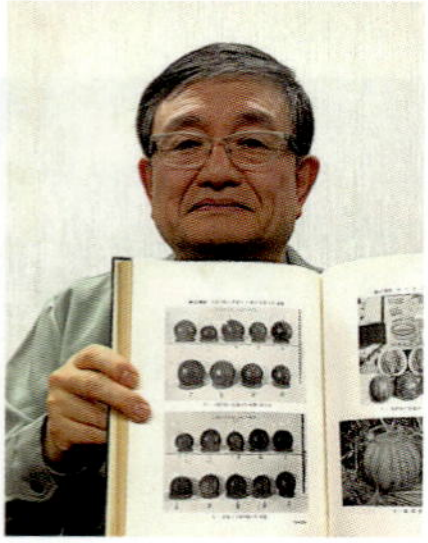

◇神田稔さん

株式会社神田育種農場社長。（一社）日本種苗協会奈良県支部の理事を務められています。

◇神田武氏

神田稔さんの祖父となる神田武氏は奈良県農事試験場の技師として「新大和」、「黄大和」、「旭大和」の育種にご尽力されました。

昭和10（1935）年に京都大学農学博士の竹崎嘉徳氏との共著で奈良県立農事試験場から発行された「西瓜の品種改良」は、後の西瓜育種の教科書として我が国の西瓜品種の品質向上に大きな役割を果たすことになりました。

の地で販売用のスイカ栽培が行われていたことがうかがえます。この絵馬は糸井神社境内で「なでも踊り」と呼ばれていた雨乞い祈願の踊りを描いたもので、当時の夏祭りの様子が生き生きと描写されており、近世末の村落と民衆の姿を伝える貴重な資料として平成6年に奈良県の指定有形民俗文化財に指定されています。

奈良では明治の初めに、綿に替わる換金作物としてスイカの栽培が始まりました。最初に奈良県で栽培されていたスイカは天理市周辺に和歌山県より持ち込まれた果実の大きな「紀州スイカ」と呼ばれるもので、この品種は着果の数も少なく、品質も良くなかったと記録されています。そして明治になるとその後のスイカの歴史に大きな影響を与えた一人の人物が登場しました。山辺郡稲葉村（元天理市）に生まれた巽権治郎氏は、家業の農業と共に、その当時安堵や川西の村々で盛んに生産されていた灯芯を仕入れ、遠く尾張や三河まで行商に出かけていました。そんなある夏の日に行商先の三河の国(愛知県)の農家で休憩した際に、その家の主人から勧められたスイカが鮮やかな紅色と美味であったため、自身が食したスイカの種を50粒ほど小袋に入れて持ち帰りました。自身が農業を営み、行商を通して得た新しい情報を自身の郷里に取り入れたいとひらめいた巽権治郎氏の心を想像すると、胸が躍るような気持ちだったのではないでしょうか。村に戻った巽権治郎氏は、早速その種を蒔き7、8年試作を重ねて栽培法を研究したそうです。そうして「権治西瓜」が誕生し、それは瞬く間に大和盆地の各地に広がり当時の一時代を築きました。

神田……しかしそもそも、なぜ奈良県は西瓜生産の振興に取り組むことになったのでしょうか?!そこには奈良県独自の農地にまつわる状況が関係していました。昭和31年7

月26日、大和平野で農業を営む人々の悲願であった吉野川分水が整備される以前、「大和青垣」と呼ばれる美しい山々に囲まれた大和平野は、温和な気候に恵まれて早くから稲作農業が定着し、わが国古代文化発祥の地として栄えていました。やがて人口が増えてくると、この繁栄を支えていくためには、多くの水田が必要となり、その水田を営んでいくための水の確保が大きな課題となっていました。大和平野に水を運んでくれる大和川は、四方の山々に水源を持ついくつかの河川を集めて合流し、亀ノ瀬峡谷を経て河内平野へと流れていきますが、水源となる山地が浅いため水量はいたって乏しいものでした。しかも、その流れは上流部では急な流れで、中下流部はゆるやかな流れのために土砂が堆積し、いわゆる天井川をなしているという状況の為、また降雨量が少ないことも重なって水は常に不足がちでした。古代以来、農民たちは干害に泣かされ、連日雨が降ると逆に川が氾濫し、しばしば水害をこうむるという悪循環を繰り返してきた歴史があったのです。昔から言い伝えられてきた「大和豊年米食わず」とは、大和に適量の雨が降って豊作になった年は、他の地域では降り過ぎとなり凶作だったことを言いあらわしている言葉です。人々は、川の水を有効に使うため川に堰をもうけ、多くのため池を築き、さらに地下水を利用するために井戸を掘って水を確保し、農業用水と生活用水に利用してきました。その為に大和平野には特にため池の数は多く5000個余を数え、その築造の歴史は4~5世紀頃にまでさかのぼるといわれています。そんな大和平野のおかれている状況下、元々原産地がカラハリ砂漠であることからも理解できるように乾燥に強く、換金性の高い作物としてスイカ栽培と育種の研究に奈良県が注力することになったのです。

話は戻りますが、奈良の気候風土に適応して各地で栽培されていた権治スイカと明治

◇森井哲也さん
ナント種苗株式会社社長。(一社)日本種苗協会奈良県支部の顧問を務められています。

◇カットスイカ
奈良盆地では、おやつのことを「ほうせき」と呼んでいました。昔から西瓜は夏の間の最高の楽しみの一つで、冷蔵庫の無い時代には、井戸の中につり下げて十分に冷やしたものを昼寝の後の目覚ましのほうせきとして食されてきました。

35年に奈良県農事試験場がアメリカから導入した「アイスクリーム」という品種とが自然交雑することで世にいう「大和西瓜」が誕生しました。そして奈良県農事試験場はより良いスイカの品種を生み出すために大正12年にスイカ品種改良事業を開始します。

そうして大和西瓜の中から優良な品種を選抜することで、大正15年には「大和2号」、「大和3号」、「大和4号」という近代スイカの基礎となる品種が育成されました。様々な取り組みが実を結び、大和西瓜は昭和の初期には生産のピークを迎え、昭和3年には年間生産量3万トンと全国一位の生産量を誇り、東京市場の7割、大阪市場の8割を奈良県産のスイカが占めていました。

さらに西瓜栽培が全国に普及していく中で他産地との差別化をはかる為に、「新大和」という現在の西瓜のように縞模様のある初めての一代交配品種、希少価値のある黄色い果肉の「黄大和」、そして現在の西瓜品種の親として欠かすことのできない「旭大和」という名品種が当時の奈良県農事試験場（現奈良県農業研究開発センター）によって次々育種されていきました。

森井……その後も昭和30年代までは、大消費地である大阪に近い地の利を生かして全国有数の生産地であった奈良のスイカは、その後の輸送手段の発達による流通形態の変化よって転換期を迎えることとなります。しかし奈良県のスイカに対しての、高い育種の財産と技術力は県内の民間種苗会社に引き継がれ、現在でも旭大和から派生した多くの優良な新しい品種が毎年のように生み出され、国内で生産されるスイカの種の80％以上が奈良県内の種苗会社から供給され、海外市場にも、「奈良のタカラモノ」が輸出されています。

◇結崎のなでも踊り絵馬（部分拡大）
この絵馬は近世末の村落と民衆の様子を伝える貴重な資料として平成6年に奈良県の指定有形民俗文化財に指定されています。多くの踊り子たちが太鼓に合わせて踊っている糸井神社境内での夏祭りの様子が生き生きと描写されています。

特集 大和西瓜品種リスト

奈良県民の方々もあまりご存知のないことですが、現在、日本で生産されているスイカの種子の約9割が奈良県の種苗会社が開発した品種となっています。

昭和3年には全国でスイカ生産量1位を誇っていた奈良県でしたが、その後、産地は輸送手段が発達するにつれて大面積の農地を持つ他県へと移っていきました。しかし、知的産業としてのスイカ種子の育種は、奈良の大きな誇りです。県内でブリーディングと呼ばれるスイカ種子の開発を行っている4つの種苗会社にご協力いただき、代表的な品種をリストアップしていただきました。私達のライフスタイルの変化や嗜好に対応しながら進化を続けているスイカ品種ですが、近年は小さな種ごと食せる品種や超高糖度品種など魅力溢れる品種が登場しています。ついつい産地に目がいきがちな西瓜ですが、これからはその品種を意識してそれぞれの個性を楽しんでみたいものです。

萩原農場
ホームページ

神田育種農場
ホームページ

ナント種苗
ホームページ

大和農園
ホームページ

品名	特徴	外観	ラベル
祭ばやし７７７（スリーセブン） 株式会社萩原農場	１９９９年に育成発表された赤肉の大玉品種。高糖度品種時代の先駆けとなり、また口にした時のコクと風味に優れ「美味しいスイカ」として市場で高い評価を得ています。「祭ばやしシリーズ」として産地に合わせた品種展開を行うことによって、現在も沖縄から北海道まで、全国で最も多く栽培されている大玉品種で、年間を通して流通しています。		
春のだんらん 株式会社萩原農場	２００２年に育成発表された赤肉の大玉品種。栽培のし易さと高品質を兼ね備え、全国主要産地の早期作型の主要品種として栽培されています。果肉は色鮮やかで、カット販売にも適しています。主な産地は熊本県（３月末）、千葉県（５月初）、鳥取県（６月初）より収穫が始まります。		
ひとりじめ７（セブン） 株式会社萩原農場	２００２年に育成発表された赤肉の小玉品種。従来の小玉スイカの概念を覆し、栽培のし易さと高糖度、大玉に近いシャリ質を持ち、小玉スイカマーケットの拡大の元となった。店頭においても「ひとりじめ」ブランドとして取り扱われており、「ひとりじめシリーズ」として産地に合わせた品種展開を行うことによって、沖縄から北海道まで、全国で最も多く栽培されている小玉品種で、年間を通して流通しています。		
富研号復刻版（ふけんごう） 株式会社萩原農場	往年の名品種である富研号を、２０１２年に復刻版として育成発表した赤肉の大玉品種。 １９３７年に発表された富研号は、１９５１年にスイカでは初めて農林省種苗名称登録（現在の品種登録）された品種で、富研号時代と呼ばれるスイカ栽培の一世を風靡した歴史に刻まれる品種です。奈良県奈良市の月ヶ瀬地区で栽培されており、同地区での収穫期は８月となります。		

品種	会社	特徴	写真	ラベル
ぷちっと	株式会社萩原農場	2021年に育成発表された赤肉の中玉品種。高い糖度とシャリ感を併せ持ち、5kg前後の果実は贅沢な食べきりサイズです。そして最大の特徴は「ナノシード」と呼ばれる極小種の品種であることで、種を気にせずにガブッと美味しく食することができます。かわいくてインパクトのある専用箱とあわせての贈物にも最適で、今後栽培が広まって欲しい注目品種です。		
おと姫（おとひめ）	株式会社神田育種農場	2016年に誕生した赤肉の小玉品種。果肉はしっかりしており平均糖度が13度以上と小玉ながら高い糖度とシャリ感に富んだ食味に優れている。主な産地は関東地方で本格的な収穫は5・6月から。		
ペイズリー	株式会社神田育種農場	冷蔵庫に収納しやすいラグビーボール型の長楕円形が特徴の赤肉の中玉品種。2005年の誕生以来、栽培が容易でありながら、栽培条件が整えば糖度14度を記録することも可能で、おいしくて作りやすいと家庭菜園で人気が高い。収穫は6月から。		
銀河（ぎんが）	株式会社神田育種農場	2010年に誕生した鮮やかな赤色の果肉と美しい正球形が特徴の大玉品種。高い糖度とコクのある濃い味に優れ、シャリ感のある繊維の少ない果肉が楽しめる。主な産地は関東地方で本格的な収穫は6・7月から。		

<table>
<tr><td>縞無双（しまむそう）
株式会社神田育種農場</td><td>１９９５年に誕生した肥大性に優れた人気の大玉品種。美しい縞模様の外見で、果実の揃いが極めて良く、高い糖度とシャリ感、そして日持ちにも優れており、カットスイカとしての特性も高い。主な産地は関東地方で本格的な収穫は６・７月から。</td><td></td><td></td></tr>
<tr><td>太陽（たいよう）
株式会社神田育種農場</td><td>名前の通り黄金色の果皮という外見が特徴で、１９５７年に誕生したロングセラーの大玉品種。奈良県農事試験場の技師としても活躍され、「新大和」、「黄大和」、「旭大和」等の開発にご尽力された神田育種農場創業者の神田武氏が育種した品種。根強い人気があり全国各地で栽培されている。本格的な収穫は６・７月から。</td><td></td><td></td></tr>
<tr><td>ピノ・ガール
ナント種苗株式会社</td><td>２０１９年に誕生した「マイクロシード」（ナント種苗登録商標）と呼ばれるタネまで食べてしまう夢のような小玉品種。小玉スイカでありながら高い糖度と、シャリ感もあり、皮際まで甘みが続く。主な産地は熊本県、茨木県、長野県、青森県で本格的な収穫は５・６月から。</td><td></td><td></td></tr>
<tr><td>ブラックジャック
ナント種苗株式会社</td><td>名前の通り黒皮の外見が特徴で、２０１３年に誕生したシードレスの大玉品種。果肉は赤色で糖度とシャリ感のトータルバランスが高く、貯蔵性に優れ、ドリップも少なくカットスイカの適性も高い。主な産地は熊本県、大分県、千葉県で本格的な収穫は５・６月から。</td><td></td><td></td></tr>
</table>

なつここあ ナント種苗株式会社	黒皮にシマ模様の外見が特徴で、2016年に誕生した赤肉の小玉品種。一般的に小玉スイカは肉質が柔らかいものが多いが、シャリ感のある食感と食味に優れ、体感糖度が高いことも特徴。主な産地は熊本県で本格的な収穫は5・6月から。		
金色羅皇 (こんじきらおう) ナント種苗株式会社	最高の甘さを追究していく中で、2021年に誕生した大玉品種。ナント種苗調べでは、スイカ史上最高糖度の20.6度を記録し圧倒的な甘さを誇る。黄金色の果肉は非常にジューシーで緻密な食感を持っている。主な産地は熊本県、大分県、千葉県、長野県、青森県、北海道で本格的な収穫は5・6月から。		
羅皇ザ・スウィート ナント種苗株式会社	2019年に誕生した赤肉の大玉品種。病気に強く、栽培性に優れ、皮際まで続く甘みとコク、そして非常に優れたシャリ感が特徴。ドリップが少ないことでカットスイカとしての適性も高い。主な産地は熊本県、大分県、千葉県、長野県、青森県、北海道で本格的な収穫は5・6月から。		
「縞王M(しまおうマックス) 大和農園	1968年に発売され、長年全国の方々にこよなく愛されるロングベストセラー品種です。糖度は11~12度と安定した甘さで、シャリ感たっぷりの肉質が特長の大玉スイカ。とてもジューシーで、その美味しさから誕生から65年を経た今でも根強い人気を誇っています。		

「あかつき」	大和農園	2022年に発売した大玉スイカの新品種。糖度が12～13度と安定し甘みが強く、しっかりした旨味が楽しめます。肉質も緻密で日持ちも良く、食べごたえ抜群で、ブロックカットにもぴったり。肉色は鮮やかな鮮紅色で、皮際まで均一に発色し、見た目も綺麗な大玉スイカです。	
「いつつぼし」	大和農園	2022年にリリースした期待の新品種！大玉スイカ並みの硬めの肉質とシャリ感で、今までの小玉スイカにはない食感が味わえます。果形は丸く仕上がり、糖度は13度前後と非常に甘く、夏のひとときを彩る、美味しい小玉スイカです。	
「春爽赤（はるそうせき）」	大和農園	2017年にリリースした、寒さに強く秀品率が高い大玉スイカ。糖度は12～13度と甘く、肉質は緻密で日持ちも良く、ブロックカットにも最適な新品種です。果形は美しい正球形に仕上がり、果肉は均一な鮮桃紅色と見た目の綺麗さでも高い評価をいただいています。	
「味きらら」	大和農園	2004年に発売以降、「1度食べると忘れられない」と太鼓判のロングセラー品種！味への評価が非常に高い大玉スイカです。糖度が12～13度と甘みが強い品種ですが、甘いだけではなく、独特の「コク深さ」が一番の魅力です。	

10　はじまりの古代甘味料「甘葛煎《あまづらせん》」

文学博士であり、日本食文化史を専門に「歴食」の普及等々、幅広い分野でご活躍されている前川佳代さんに我が国ではじめて造られた甘味料「甘葛煎」に語っていただきました。

『枕草子』「あてなるもの」に登場する「あまづら」。甘《あま》い葛《かづら》と書く和語で、原材料にも精製品にも用いられる言葉です。正式には「甘葛煎」といい、古代から中世まで天皇や貴族の食を彩った甘いシロップです。私たちは、厳冬期のナツヅタの樹液を採取し、煮詰めたものと考えています※。

現在日本で確認できる初出資料は、平城京の長屋王邸跡から出土した木簡の削り屑に「甘葛」とあるもので、いわゆる長屋王家木簡です。その年紀は和銅3（710）年から霊亀3（717）年（＝養老元年）ですから、710年の平城京遷都直後には、甘葛が長屋王邸に存在した可能性を示しています。そうなると旧都の藤原京や飛鳥京でも食べられていたことが想像されます。

次に甘葛が記されるのは、天平8（736）年の『薩摩国正税《しょうぜい》帳』です。正税帳とは、諸国の財源である正税の収支決算報告書のことで、その中に「府に運ぶ甘葛煎を担う夫参人」と書かれていて、甘葛煎が大宰府に三人で運ばれたこと、その甘葛煎は薩摩国で製造されていたであろうことが確認されます。平安時代の『延喜式』、大膳職下「諸国貢進菓子」には、全国からさまざまな菓子とともに甘葛煎が都に貢納されていたことが記されます。甘葛煎の貢納国は二一か国、西は大宰府から北は出羽国

◇前川 佳代（まえかわ かよ）さん
奈良女子大学大和・紀伊半島学研究所古代学・聖地学研究センター協力研究員。奈良女子大学人間文化研究科博士後期課程修了、博士（文学）。
専門は、日本考古学、日本中世史、日本食文化史。2011年に古代甘味料甘葛煎を再現して以降、古代菓子再現に取り組み、各地でワークショップを行い、歴史を食卓へ「歴食」を勧めている。主な著作に『源義経と壇ノ浦』吉川弘文館2015年、『甘葛煎再現プロジェクト―よみがえる古代の甘味料』（共著）かもがわ出版2018年、『古典がおいしい！平安時代のスイーツ』（共著）かもがわ出版、2021年など。

にまで及んでいます。甘葛は、税として各国に課せられた貢納物でした。

使用方法は、まず甘味料として菓子に多く利用されました。単独で菓子として出される例もあれば、かき氷のシロップ、椿餅や粉熟《ふずく》の甘みに、唐菓子のトッピングとしても使われています。また煮詰める前のツタの樹液の名称と考えている「味《み》煎」の利用としては『今昔物語集』に出て来る「いもがゆ」があります。味煎とそぎきった山芋をさっと煮たもので宴会に出されたスイーツです。甘味料以外の使われ方として、平安時代には甘葛を用いたお香（練香《ねりこう》・薫物《たきもの》）が重宝されたようです。薬にも使われました。さまざまな用途ゆえでしょうか、贈答品にも用いられています。『うつほ物語』には金の瓶二つに甘葛煎とハチミツを一斗ずつ入れて、贈り物としている場面があります。大変貴重な高級品という位置づけなのでしょう。唐の皇帝への贈り物のひとつになるほどです（『延喜式』）。このように古代には、甘味料、薫物、薬、贈答品など多岐にわたる使われ方をした甘葛煎の文化が花開いていたのです。

※甘葛煎は厳冬期のツタの樹液を煮詰めたものと理解しておりますが、ほかの甘味を出す植物についてもその可能性を排除できないと指摘されているご研究もあります

甘葛事始 アマヅラコトハジメ甘葛煎〜究極の古代スイーツ ホームページ

前川佳代＠奈良女子大学甘葛煎再現プロジェクト・古代スィーツ研究者

古典がおいしい！平安時代のスイーツ（かもがわ出版）

あまづらツタ

「甘葛煎再現プロジェクト〜よみがえる古代の甘味料」（かもがわ出版）

11 大和ルージュ

歴史を振り返ってみれば、「大和西瓜」、「苺の促成栽培」発祥地でもある奈良は「赤色」の食文化を発展させるというジンクスがあるのかもしれません。2022年に発表されて以来、大きな話題と注目を集めている日本初の赤いスイートコーン「大和ルージュ」。このトウモロコシを育種したのは、1920年創業の奈良県天理市に本社のある老舗種苗会社、大和農園。同社4代目社長の吉田睦さんにお話をうかがいました。

元々大和農園には「もちもち太郎パープル」というワキシー種（もち種）のトウモロコシ品種があり、もち米のようなモチモチとした食感、濃い紫色の食用品種という珍しさで話題となっていましたが、日本でのトウモロコシに対するイメージは甘いスイート種に対する期待が前提にあるため、「老若男女に楽しんでいただける、見て楽しい、食べて美味しい赤いスイートコーンを作ろう」という想いがこの品種を誕生させる背景にありました。

何と言っても大和ルージュの一番の特徴は鮮やかなルビーのような赤色。大和ルージュには一般的なスイートコーンには含まれることのなかったアントシアニンが豊富に含まれています。アントシアニンはポリフェノールの一種で、赤や紫の色の濃い果物や野菜に多く含まれている健康に良いとされている機能性成分。その含有量がいちごの2.5倍（100gあたり45mg）といった点でも、体も喜んでくれる野菜になることを期待した品種でもあります。

「目にも美味しい」鮮やかな色彩の大和ルージュは、数々のメディアに取り上げられ、現在、多くのレストランやスイーツ店などで大和ルージュを使った料理開発、提供が行われています。アントシアニンは水溶性で茹でると赤色の成分が溶け出してしまうので、蒸す・焼く・

◇吉田睦さんプロフィール
㈱大和農園　4代目社長
奈良県天理市生まれ。立教大学観光学部卒。青山学院会計専門職大学院に通いながらベンチャー企業勤務を経、2013年に大和農園へ入社。社長就任4年目に国内初の赤いスイートコーン「大和ルージュ」を発表。多様性を大切に、創業100年を迎えた老舗企業を多くの女性社員が活躍する会社へと成長させる。
日本種苗協会奈良県支部の支部長を務めている。

電子レンジでの加熱調理がおススメです。

その水溶性という特徴を活かして、食べる以外の楽しみ方ができるのも大和ルージュの特徴。芯やヒゲを煮出すとピンク色に近い綺麗な赤色の水ができるので野菜染めも可能になります。これは種苗会社の取り組みとしては先駆的なＳＮＳを活用することで繋がった生産者の方からいただいたアイディアなのです。全国の生産者、そして消費者の方々が大和ルージュの未知なる可能性を引き出そうと、色んなことに挑戦していただいています。

栄養分や見た目に注目が集まる品種ですが、実は栽培性にも特徴があります。既存品種よりも強健な生長力を持つ品種の為、旺盛な草茎（時期によっては草丈が3メートル近くになる！）は、土に還せば良質な土壌作りにも一翼を担います。

創業から１００年余りタネを繋いできてくれた先人に敬意を表すと共に、温故知新の精神で時代に合った物を生み出し、我々にしかできない形でこれからも生産する人、料理する人、食べる人のご縁を繋ぐ、笑顔を生み出す品種開発に取り組んでいきたいと思っています。

大和ルージュ
公式ホームページ

大和ルージュ
Instagram

大和農園
ホームページ

大和農園が展開する「大和ルージュ」の公式インスタグラムのフォロワーは1万人。全国各地の生産者、消費者に加えて、多くのシェフやパティスリーが情報を交換・共有する日本初の赤いトウモロコシの彩と魅力溢れるプラットフォームとなっています。

12　漢方

コロナ渦を経て、「医食同源」「薬食同源」というキーワードのもと、多くの方々が自身の健康や予防医療に対する意識が高まっている昨今、自然由来の薬である和方、漢方に関する注目が集まっています。仏教と共に奈良へ伝来し、古くから受け継がれてきた漢方の歴史を元奈良県果樹薬草研究センター所長の浅尾浩史さんにお伺いしました。

漢方の文献をさかのぼれば、推古天皇が登場します。日本書紀によると、推古天皇19年の年、大和の宇陀地方で薬猟りをしたという記述があり、これが日本で最初に記録に残っている薬猟りであったとされています。ちなみに薬猟りに「猟る」という字が用いられていることから、男性は漢方で「鹿茸《ろくじょう》」と呼ばれる鹿の角を目当てに鹿狩りを行い、女性が薬草の採取を行っていたとされています。

また、東大寺正倉院の宝物の中には21の漆櫃《うるしびつ》に納められた60種の薬が保管されています。これは756年に保管されたもので、それらを献納した際の献物帳『種々薬帳』も現存しています。当時、シルクロードを経て、数々の薬が都へ伝わったことは想像に難くありません。

仏教と共に古代中国から持ち込まれた「中医学」と呼ばれる医学知識と元々国内で受け継がれてきた「和方」と呼ばれる民間療法が交じり合い日本で独自に発展を遂げた漢方が誕生しました。その後、南都仏教と共に10世紀頃には漢方が体系化され、江戸時代に最盛期を迎えます。8代将軍、徳川吉宗の時代には、薬草採取が盛んになり、現宇陀市で創業400年を超える森野吉野葛本舗10代目当主で葛の製造業を通して植物・薬草

◇浅尾浩史さんプロフィール
神戸大学農学部卒業後、現奈良県農業研究開発センターに奉職。社会人留学で奈良先端大科学技術大学院大学を修了。農学博士。2014年から果樹・薬草研究センター所長兼薬草科長を務め、奈良県「漢方のメッカ推進プロジェクト」に関わる。現在は大和野菜研究センターで奈良を代表する生薬の栽培研究に取り組んでいる。

に造詣の深かった森野藤助道貞が随行したことから、後の森野旧薬園がはじまりました。現存最古の私設薬園であり、園内には約250種類もの薬草木が栽培されています。

江戸時代中期になると、大和の名薬として、米田の三光丸《さんこうがん》、藤井の陀羅尼助《だらにすけ》、中嶋の蘇命散《そめいさん》などが有名になり、大和売薬と先用後利という画期的な仕組みの配置売薬という置き薬文化が誕生します。その後、三光丸を代表とする大和売薬は富山と共に、幕末には、ほぼ全国に商業圏を広げ、置き薬文化が盛んになっていく歴史があります。また、現在の大手製薬企業の多くが漢方のメッカである奈良で創業した歴史を持っています。

河合町で近江屋長兵衛氏が1781年に創業された近江屋は、現在の武田薬品工業株式会社です。その他にも津村重舎氏が1896年に創業された中将湯本舗津村順天堂は、現在の株式会社ツムラ。また津村重舎の実兄でもある山田安民氏が1899年に創業された信天堂山田安民薬房は、現在のロート製薬株式会社。さらに藤澤友吉氏が1894年に創業された藤澤商店は、後に藤沢薬品となり現アステラス製薬株式会社。

そして笹岡省三氏が1903年に創業した命の母本舗笹岡省三薬房は、現笹岡薬品株式会社として事業を営まれている等、名だたる企業が名を連ねています。

そんな漢方の聖地とも称される奈良県では、2012年より「漢方のメッカ推進プロジェクト」をスタートし、2023年度まで大和当帰《やまととうき》やセンブリなどを代表とする奈良県にゆかりの深い漢方について、生薬の供給拡大、漢方薬等の製造、研究、臨床と普及に取り組んできました。

セロリに似た香りが特徴の当帰葉。平成24年に、薬部分が「非医」扱いになったことで、食用が可能になりました。そのまま天ぷらにしてもよし、また独特な香りを生かしてドレッシングやスープなど奈良県独自の食材として活用されています。

13

大和の薬草

大和当帰（セリ科シシウド属）

大和当帰は日本における代表的な薬草のひとつでセリ科の多年性植物です。「キハダ」「シャクヤク」「アカヤジオウ」と共に大和生薬の欠かせない原料として、奈良県では現在の五條市大深町を中心に古くから盛んに栽培されてきました。

生薬としてトウキ根は、乾燥させることで冷え性、血行障害、強壮、鎮痛などに効果があるといわれており現在も当帰芍薬散《とうきしゃくやくさん》や四物湯などの多くの漢方薬に欠かさせない生薬として配合されています。

平成24年（2012）に葉の部分が「非医」扱いになったことにより、奈良県内では生薬として使用される根に加えて、葉の部分の野菜としての活用が始まりました。セリ科であるトウキの葉はセロリのような独特の香りを持っているため、お茶や入浴剤等に加工、または直接料理の食材に使用する等々、その「漢方のメッカ」を代表する物語性と個性的な香りに着目する奈良県内のシェフや加工業者も多く、薬草から野菜としての新たな需要を生み出しています。

◇大和当帰

大和の甘茶

「大和当帰」と並んで、奈良固有種として漢方に欠かせない薬草をもう一つご紹介させていただきます。4月8日の仏様の誕生日に飲まれることで知られている「甘茶」ですが、実は漢方を製造する際に緩和薬として利用されてきた歴史があります。

一般的に漢方の緩和剤として知られるのは「甘草」ですが、その多くを中国からの輸入に頼っています。奈良県の漢方の歴史をひもといてみますと、昭和30年代に「甘草」の輸入確保が困難になった時、発酵させることで独自の甘みがある「甘茶」が「甘草」の代役を果たす為に吉野地方を中心に大量に生産されていた歴史があります。

奈良の在来種の「甘茶」は、ガクアジサイの変異種とされていますので、ガクアジサイそっくりの外見で、天然由来でノンカロリーノンシュガーの自然な甘味を味わえることから、密かに健康飲料として注目を集めています。国内では主に長野県信濃町、岐阜県梶尾地域、滋賀県伊吹山周辺、兵庫県宍粟市、そして岩手県二戸地域が産地として知られていますが、奈良県の在来種の甘茶は他地域で栽培されているものに比べると葉が小さく、ポリフェノールを多く含んでいるという他産地の品種にない特徴があります。

一度、忘れさられてしまった奈良の「甘茶」ですが、本年度より大和茶研究センターで、その活用の研究がはじまりつつありますので、今後の活用が楽しみです。

◇甘茶の花

はじまりの奈良を巡る旅

～はじまりの奈良フォーラムとはじまりのムラ coto coto の誕生

地域のことを足下から学び、生業に生かすコミュニティ

もともとは2014年の夏頃、雑誌『Discover Japan』の編集長・高橋俊宏さんより奈良市の賑わいづくりを目的とした観光事業のひとつをプロデュースされるというご相談をいただき、その運営を弊社で行うことになりました。店名は『coto coto（コトコト）』としたのは、古都と、地元の人が盛り上がる「ことを起こす」という意味、さらにインバウンドを意識して外国人でも呼びやすいように音を連続させたという理由がありました。このプロジェクトは2015年5月にオープンし、コロナを経て奈良市の「賑わいづくり」を目的としたこの事業が終了するまでの約6年間運営させていただきました。

高橋さんと coto coto のオープニングに向けて打ち合わせを重ねていく中で、『Discover Japan』の誌面作りを通して全国の見聞を広げてこられた高橋さんは「奈良には全国に、世界に自慢できるものがたくさんある」ということをお会いする度に熱く語っておられて（笑）。コンセプトは「奈良自慢」だと。その言葉にインスパイアされて足元を見つめ直してみると、我が国のはじまりの地でもあり、かつて都があったからこそ律令制に国技の相撲、能楽が生まれ、そして食文化としては饅頭、清酒、奈良漬等々、さらに工芸として奈良墨、奈良晒、奈良筆などその歴史を紐解けば多くのはじまりを奈良に見出すことができました。温故知新あるいは不易流行という言葉があるように、奈良に数多くあるは

はじまりの奈良フォーラム

（2016年10月より毎月開催）

Vol.① 「饅頭」～岡本彰夫（元春日大社権宮司）、喜多誠一郎（樫舎オーナー）

Vol.② 「完全甘柿」～濱崎貞弘（奈良県果樹・薬草研究センター）、平井満男、平井久美（柿と梨の平井農園オーナー）

Vol.③ 「苺の促成栽培」～西本登志（奈良県農業研究開発センター）、辻本忠雄（辻本農園オーナー）

Vol.④ 「清酒」～山本嘉彦（油長酒造社長）、登和哉（登酒店3代目）

Vol.⑤ 「吉野林業」～谷茂則（谷林業 代表取締役）、早稲田緑（川上村 地域づくり協力隊）

Vol.⑥ 「柿の葉ずし」～平井宗助（平宗代表取締役）

Vol.⑦ 「菩提酛」～大原弘信（正暦寺 住職）

Vol.⑧「茶」～湯浅薫（茶研究家）、宮本大輔（奈良県大和茶研究センター）

Vol.⑨ 「氷室」～大宮守人（氷室神社 宮司）、岡田桂子（合同会社ほうせき箱）

Vol.⑩ 「大和スイカ」～久富時男（元奈良県農業試験場 場長）

Vol.⑪ 「特別編 奈良を編集・創造する」～福野博昭（奈良県地域振興部 次長）、指出一正（ソトコト編集長）、高橋俊宏（Discover Japan 編集長）

Vol.⑫ 「特別編 食文化シンポジウム」～門上武司（あまから手帳編集顧問）、福吉貴英（奈良食べる通信編集長）、三浦雅之（株式会社粟 代表取締役）、瀬川賢正（奈良県大和茶研究センター 所長）、平井宗助（合同会社ほうせき箱 代表社員）、濱崎貞弘（奈良県果樹・薬草研究センター）

Vol.⑬ 「漢方」～浅尾浩史（奈良県果樹・

じまりを学ぶことが地域の歴史・文化資源を生かし、新たな魅力を創造する種になるはずという思いが重なり、２０１６年10月に当時奈良県庁の職員だった福野博昭さん、そして志を共有する玖村健史さん、そして妻の陽子と共に『Discover Japan』とのコラボレーションで「はじまりの奈良フォーラム」がスタートしました。そして、毎月開催した勉強会の内容をアーカイブスとしてトータル45回も連載企画で記事にしていただくと同時に、『Discover Japan』のECサイトでもご紹介いただいています。

また、はじまりの奈良フォーラムでは勉強会の後に、懇親会を通じて参加者の親交を深めてきました。地方創生というのは「何をやるか」と同じくらい「誰とするか」が大切と考えています。非公開フォーラムというスタンスで運営を行うことで、コミュニティが乱れることなく、信頼できる方々とご縁を深めることが可能になります。はじまりの奈良フォーラムというプラットフォームを通して、理念をもって奈良で活躍をされている行政職員、メディア関係者、農家、シェフ、観光業者、そしてさまざまなクリエイターに研究者といった方々とのご縁がつながって、いつの間にか、１００名近いすばらしい方々とのコミュニティが誕生することになりました。

コミュニティの変遷と新しい〝器《うつわ》〟

これからのコミュニティは、価値観の共有が大きな鍵になると感じています。コミュニティの遷移を、「ち」という言葉で表せると思っていますが、最初のコミュニティは「血」、つまり部族や民族といった血縁で成り立っていたものが、農耕がはじまることで「地」、地縁になります。それが次に高度経済成長で企業社会の「知」に変わり、やがてリーマンショッ

薬草研究センター所長）
Vol.⑭「奈良学」～寺岡伸悟（奈良女子大学 教授）
Vol.⑮「苺品種①」～西本登志（奈良県農業研究開発センター）、萩原健司（萩原苺農園オーナー）
Vol.⑯「万葉集」～井上さやか（万葉文化館主任研究員）
Vol.⑰「奈良晒」～中川政七（中川政七商店13代目）
Vol.⑱「樽丸」～早稲田緑（川上村地域づくり協力隊）、橋本晃明（美吉野醸造蔵元杜氏）
Vol.⑲「古事記」～上野誠（奈良大学 教授）
Vol.⑳「木簡」～馬場基（国立奈良文化財研究所）
Vol.㉑「特別編 奥大和」～福野博昭（奈良県地域振興部次長）、坂本大祐（オフィスキャンプ東吉野）
Vol.㉒「奈良墨」～長野睦（錦光園）
Vol.㉓「大和伝統野菜」～三浦雅之（株式会社粟代表取締役）
Vol.㉔「奈良漬①」～久保功（木簡研究家）
Vol.㉕「弘法大師」～玉田玉秀斎（講談師）
Vol.㉖「蘇」～小倉ヒラク（発酵デザイナー）
Vol.㉗「奈良漬②」森茂（森奈良漬店 会長）
Vol.㉘「飛鳥京」～森川祐一（明日香村 村長）
Vol.㉙「吉野本葛」～川本あづみ（井上天極堂広報）
Vol.㉚「アブラナ科自家不和合性」～磯貝彰（元奈良先端技術大学院大学学長）
Vol.㉛「奈良町」～友松洋之子（奈良まほろばソムリエ）
Vol.㉜「大和の食」～岡本彰夫（元春日大社権宮司）
Vol.㉝「ロート製薬」～笹野正広（ロート製薬アグリファーム事業部）、安西紗耶（ロート製薬アグリファーム事業部）

クを経て価値観の「値」に移り変わっていきます。「地」から「知」へ変わるタイミングでは、農村から企業社会へ年功序列と終身雇用というエッセンスが受け継がれていきました。そしてリーマンショックを経てそれらが消えていった後に到来した「値」の時代を促進しているのがモータリゼーションとSNSというふたつのインフラの進化だと思います。いわば、血縁関係や土地だけに縛られず、会社組織にも縛られず、はじめて人が個としての価値観に基づいたコミュニティを構築することが可能な時代が到来したのではないかと考えています。

移住だけでなく、関係人口、交流人口が増えることで、新たなつながりが織りなされて個人も地域も幸せに近づく。地域づくりというのは、人が自然と調和しながら幸せに生きていく場所の再構築だと思っていますが、奈良にはそうなるべき場所と可能性がたくさんあるように感じています。その実現の為には「血縁」、「地縁」、「知縁」、「値縁」という多層的なコミュニティを紡いでいける新しい〝器《うつわ》〟が必要なのではと。

そこで、コロナ渦をきっかけに、その中で普及したリモートを活用して、「はじまりの奈良フォーラム」で生まれたコミュニティを県外や海外に暮らしている奈良の関係人口・交流人口の方々にも加わっていただくことで、「はじまりのムラ Coto Coto」にアップデートしようと考えました。

ウェブとリアルが融合したコミュニティ「はじまりのムラ coto coto」

「はじまりのムラ coto coto」の名称は漢字が伝わる以前に日本で使われていた大和言葉を参考にして決めました。村の語源を調べると、「む」は大和言葉で「群れる」とか「物

Vol.㉞「特別編 WEB3.0」～荒木美和（NHK）
Vol.㉟「お酒の神様」～今西将之（今西酒造代表取締役）
Vol.㊱「苺品種②」～西本登志（奈良県農業研究開発センター）、東井君枝（奈良県農業研究開発センター）
Vol.㊲「特別編 BAR からはじまる文化発信」～金子道人（LUMP BER オーナー）
Vol.㊳「特別編 アフターコロナからはじまる奈良」～福野博昭（奈良県地域振興部次長）、三浦雅之（株式会社粟 代表取締役）
Vol.㊴「食と農の条例」～原実（奈良県食と農の魅力創造部 次長）、下浦隆裕（奈良県食と農の魅力創造部）
Vol.㊵「特別編 ウィズコロナ天理市の取り組み」～並河健（天理市 市長）
Vol.㊶「大安寺」～河野良文（大安寺 住職）
Vol.㊷「相撲」～雑賀耕三郎（奈良まほろばソムリエ）
Vol.㊸「奈良県立大学地域創造研究センター」～辻本浩司（奈良県立大学 専務理事）
Vol.㊹「生物多様性」～北川忠生（近畿大学准教授）
Vol.㊺「はじまりの奈良～これまでとこれから」～三浦雅之（粟 代表取締役）、坂本大祐（オフィスキャンプ東吉野）

はじまりのムラ CotoCoto 勉強会
（２０２１年４月より毎月開催）
Vol.①「暮らしをつくるつながり」のデザイン」～末光大毅（奈良県副知事）
Vol.②「デンマークから考える食・環境・未来」～ニールセン北村朋子（食のインターナショナル・フォルケホイスコーレ理事）
Vol.③「世界の変化と奈良からのソリューシ

事がつながる」、「集まる」という状況を表していて、「ら」はそれが変化するという意味があり、物事が結びついて集まっていながらも固定していない、というのがまさに村だと考えれば、新しいウェブとリアルが融合したコミュニティによるムラづくりのイメージにピッタリだなって思ったのです。

七つの風でコミュニティを紡ぎ　七つの自給率でコモンを紡ぐ

ウェブとリアルが融合したムラづくりでは、「七つの風でコミュニティを紡ぐ、七つの自給率でコモンを紡ぐ」をテーマにコミュニティづくりと勉強会による知見の共有を行っています。奈良にご縁深いさまざまな能力をもつメンバーとともに、生きることを豊かに、楽しみな仕事も生み出していけたらと構想しています。

Discover Japan

ョン」～藤沢久美（ソフィアバンク）
Vol.④「過去3回を振り返ってディスカッション」～福野博昭（はじまりのムラ coto coto村長）、坂本大祐（オフィスキャンプ東吉野）
Vol.⑤「奥大和の魅力」～福野博昭（はじまりのムラ CotoCoto 村長）、坂本大祐（オフィスキャンプ東吉野）
Vol.⑥「半農半×のこれから」～塩見直紀（半農半×研究所 所長）
Vol.⑦「故郷 大磯での取り組み」～原大祐（西湘をあそぶ会 代表）
Vol.⑧「ロート製薬のウェルビーイング取り組み」～安西紗耶（ロート製薬 アグリファーム事業部）
Vol.⑨「柿の葉×鹿活×氷室しらゆき祭」～平井宗助（合同会社ほうせき箱代表社員）
Vol.⑩「奈良漬」～森麻理子（森奈良漬店代表取締役）
Vol.⑪「ONESTORY フードキュレーションの取り組み」～福持良之助（ONESTORY チーフプロデューサー）
Vol.⑫「新しい資本主義と社会的共通資本」～末光大毅（経済再生大臣 秘書官）×ニールセン北村朋子（食のインターナショナル・フォルケホイスコーレ理事）
Vol.⑬「ANAの歴史とその取り組み」～河本宏子さん（ANA総合研究所 顧問）
Vol.⑭「興福寺の365日」～辻明俊（興福寺執事）
Vol.⑮「縮充～楽しさの自給率を高めよう」～山崎亮（Studio L）
Vol.⑯「関係人口を超えて～すさみ町×はじまりのムラ CotoCoto」～岩田勉（すさみ町 町長）×福野博昭（はじまりのムラ coto coto 村長）
Vol.⑰「コミュニティナースの活動と未来

対談「はじまりの奈良を巡る旅」

福野博昭さん×玖村健史さん×三浦雅之

私達夫婦と共に「はじまりの奈良フォーラム」「はじまりのムラ coto coto」を主催してきた福野博昭さん、玖村健史さんとの3人で「はじまりの奈良を巡る旅」というテーマで自由に対談させていただきました。

はじまりの奈良を巡る旅 対談動画

福野博昭さん

1960年奈良県奈良市生まれ。18歳で奈良県庁へ入庁。元知事公室次長・南部東部振興・移住交流担当。退官前の10年以上は奥大和地域のブランディングに取り組む。42年間勤めた奈良県庁を令和3(2021)年3月に定年退官。現在、株式会社平川商事の顧問として、全国の新規事業の立ち上げなどに取り組んでいる。総務省の地域力創造アドバイザーも務めている。

著書

「ライク・ア・ローリング公務員」

Vol.⑰(前ページより)への展望①」~矢田明子(Community Nurse Company)

Vol.⑱「新しい生きるチカラ」~一木典子(サントリーホールディングス株式会社CSR推進部 部長)

Vol.⑲「ひとりの力を信じよう~今あるもので人と地域の未来をつくる」立花貴(公益社団法人MORIUMIUS代表理事)

Vol.⑳「御酒神の麓で清酒を醸す三諸杉のビジョン」~今西将之(今西酒造 代表取締役社長)

Vol.㉑「コミュニティナースの活動と未来への展望②」~矢田明子(Community Nurse Company)

Vol.㉒「食と民主主義」~ニールセン北村朋子(食のインターナショナル・フォルケホイスコーレ理事)

Vol.㉓「観光の未来」~成瀬勇輝(株式会社ON THE TRIP 代表取締役)

Vol.㉔「よく生きるを社会的共通資本から考える」~占部まり(宇沢国際学館 館長)

Vol.㉕「はじまりのムラ CotoCoto の歴史とこれから」~福野博昭(平川商事顧問 はじまりのムラ CotoCoto 村長)×三浦雅之(粟)

Vol.㉖「新しい資本主義と社会的共通資本」~末光大毅(経済再生担当大臣秘書官)×占部まり(宇沢国際学館 館長)

Vol.㉗「プライマリー・ケア」~石丸裕康(医師関西医科大学香里病院日本プライマリ・ケア連合学会)

Vol.㉘「100年企業から大和ルージュが生まれるまで」~吉田睦(株式会社大和農園代表取締役社長)、金子久美(株式会社大和農園商品開発部)

Vol.㉙「食・農・生活から~そして奈良学へ」

玖村健史さん

1976年生まれ、奈良県生駒市出身。

奈良県キャリア・ワーク・サクセスセンター

映像プロデューサーとして奈良県キャリア・ワーク・サクセスセンターの公式チャンネル「ならっちゃおTV」を手掛ける。

NPO法人赤目四十八滝渓谷保勝会　事務局長

2023年現職に就任。赤目四十八滝エリア内の駐車場の全面無料化、赤目滝水族館のオープン、そして門前界隈の個店を「赤目小町」としてリニューアルに携わることで客数増、黒字転換を実現するなど、近年、高齢化と老朽化を課題としていた赤目四十八滝エリアの観光地再生に取り組んでいる。

母の故郷である山添村で米作りも営んでいる。

チャンネル名「ならっちゃおTV」

奈良のこと、もっと知りたい！奈良のこと、何でも「ならっちゃお！」

奈良県庁内で、職員の研修部門を担当する「奈良県キャリア・ワーク・サクセスセンター通称…キャリセン」のメンバーが、奈良県のいろんな場所に出向き、いろんな人と会って、まだ知られていない奈良の魅力や素敵な活動を「ならっちゃい」ます。そして皆さんに楽しく魅力的に「おしえちゃい」ます。

学びのプラットフォーム「ならっちゃおTV」

～寺岡伸悟（奈良女子大学 教授、大和・紀伊半島学研究所 所長）

Vol.㉚「東大寺のSDGs」～友松洋之子（まほろばソムリエ 奈良教育大学SDGsガイド研修講師）

Vol.㉛「明日香法40年とこれからの観光地づくり」～吉本幸史（一般社団法人飛鳥観光協会事務局長）

Vol.㉜「奈良県の柿栽培の歴史と未来～栽培と研究の現場から」濱崎貞弘（奈良県農業技術センター 加工課長）、平井満男・久美（柿と梨の平井農園オーナー）

Vol.㉝「奈良の苺5品種誕生秘話」西本登志（大和野菜研究センター所長）

Vol.㉞「大和売薬のはじまりと南都仏教における製薬と施薬の歴史」浅見潤（三光丸クスリ資料館館長）

Vol.㉟「究極の古代スイーツ 甘葛煎」前川佳代（奈良女子大学大和・紀伊半島学研究所古代学・聖地学研究センター協力研究員。文学博士）

Vol.㊱「奈良初のワイナリー木谷ワイン」木谷一登（木谷ワイン代表）

Vol.㊲「天理教のこれまでの歩みと将来のビジョン」中山大亮（天理教5代目真柱継承者）

Vol.㊳「小岩井農場の歴史と未来への展望」辰巳俊之（小岩井農場 代表取締役社長）

Vol.㊴「奈良のタカラモノ」三浦雅之（株式会社粟 代表取締役社長）

Vol.㊵「観光地 赤目四十八滝の再生に向けての取り組み」玖村健史（NPO法人赤目四十八滝渓谷保勝会 事務局長）

Vol.㊶「古代豪族ワニ氏の経済基盤は木材生産だったのか?!」青柳泰介（奈良県立橿原考古学研究所 企画学芸部学芸課 副主幹）

※肩書・役職は勉強会開催時のものです。

コラム　奈良の家庭薬

昭和30年に「奈良のくすり」と題して奈良県薬務課より刊行された小冊子には、当時の奈良県知事である奥田良三氏による「奈良県家庭薬の沿革」と題された文章が綴られています。当時、奈良県の家庭薬業界は180社を数える製薬を生業とする会社があり、ネーミング的にもデザイン的にも興味深い家庭薬が多数に存在し、それぞれの地域の家庭薬を通して県民の健康に寄与していたことがうかがえます。

こちらの特集では、一般社団法人三光丸クスリ資料館館長の浅見潤さんのご協力をいただき、三光丸クスリ資料館に展示されている奈良の漢方についての歴史を見事にまとめられている奥田知事の言葉と共に、奈良の家庭薬文化についてご紹介します。

奈良県家庭薬の沿革

奈良県の家庭薬は最も古い歴史と伝統を誇っている。神武天皇が大和橿原に都された時出雲族の人達が大和三輪山の麓に住み、三輪族と云われ、古法を以て人民に対し病気の方を行って天皇の政治を助けていたと云う傳説があるがそうした事情で、我が国医薬の主流は、大和に移って来た。

そもそも昔の医薬の発達過程には常に政治、文化、宗教と密接な関係があるので、本県が医薬発達の中心地になったことは不思議でない。以下順を追って、史実に見えた事項をひろってみるならば、欽明帝の一三、一四年には、仏教の渡来と共に漢方の医術と薬物とが入って来ている。又一三年には漢の医書が輸入されているが、之が我国への医書輸入の濫觴である。推古天皇の六年四月皇太子奏して曰く「薬草は民を養う要物なり、厚く之を畜うべし」と。天皇然りとして勅して之を掘り蓄えしむとあり、又同一九年五月五日「天皇郡臣を帥いて大和菟田野に薬猟す」とあって之が薬草採取の史実に見えた最初であり、また、菖蒲の節句の初まりとも云われている。この時代から医薬に関する組織が稍々整って来て薬を司る役人や教育機関が出来、文武帝の大宝元年には大学を置き、又典薬寮を設けその中に、薬園師薬園生の官が置かれて学生を教育すると共に薬の研究を行っていたことが見られる。

この時代に、「役の行者」（役の小角）が葛城山岸壁で修行しその間民の病を助けんとして陀羅尼経を唱して生薬のエキスを製造する方法を始め、之を陀羅尼助と名付けて、施薬を行っていた。その後彼は大峯を開山すると共に吉野山洞川方面にも陀羅尼輔の製造を教え同地方で盛んに製造されるようになり、今なお大峯山登山者の間に重宝がられているが、その成分から見ても新しい洋薬に比して遜色なく又これが単味薬から合薬になっ

◇浅見 潤さんプロフィール

昭和30年（1955）北海道生まれ。昭和54年（1979）、三鷹市遺跡調査会に入り、市内各所の旧石器・縄文時代の遺跡発掘調査に従事。平成12年、奈良県明日香村に移住し三光丸クスリ資料館に館長として勤務。館長職のかたわら、大和売薬および中世大和国の歴史研究を行なう。奈良県明日香村在住。日本考古学協会会員。著書に「奈良とくすり」等がある。

「奈良とくすり」浅見潤著
（京阪奈情報教育出版刊）

た最初のものと思われる。

降って孝謙帝の代に南都唐招提寺を建立した唐の名僧鑑真が来朝しその際「寄效丸」tp称する方剤を持参し船中僧俗の疾病を治療し、又光明皇后の御不予に際しても、この薬を差し上げて寄効を奏し其の効により水田百町歩を賜った記録にある。更に四五〇年後の四条天皇の代、仁治三年律宗中興の高僧興正菩薩が少彦明神の化神から授けられて作ったと謂われる「豊心丹」が西大寺に残っている。之等は、処方の内容からみるとよく似ていて、現在の清涼剤「仁丹の如きもの」の処方に近似している。

斯くの如き優良な合薬がすでに1200年も昔、この大和で製造施薬されていたのであってこれ等はその後も各寺院で施薬頒薬を続けている間に、その秘方、寺傳が在家に伝わって、本県家庭薬営業の基礎になったものと考えるのが妥当であろう。これ等の合薬が代償うぃ定めて販費されるようになり本格的に売薬(うりぐすり)化したのは相当後世で色々な資料から考察して後醍帝、後村上帝の代以後と思われる。

其の当時朝廷の権力は低下し悲田院、施薬院の制度も廃り一方寺院の方の、特に吉野川、金峯山寺一帯は兵火にかゝって、その経済が苦難になったので寺坊再建の資を得るべく、又民家にあってもその生計に欠くことがあったのでその生活の糧を得べく陀羅尼助を代価を定めて販賣するようになった之が売薬の最初と云える。

其の後300年程の間は、売薬に関する文献は見出し難いが、その間多数の寺院や在家で数多の合薬が施薬や賣薬として續けられたことは想像に難くない。

降って元禄時代に至って大和葛村を中島太兵衛が「天狗蘇命散」なる売薬の製造を始めており、又同村の米田家に伝わる「三光丸」と称する合薬も相当古い歴史をもって製造していたようであり其の他今は絶えているが、高市郡「くすりや薬」の「瑠璃園」今井の「保童円」等の記録がある。其の頃より漸次葛村を中心として、売薬製造の業が興り「御免薬」として近畿は勿論北海道、東海道、四国、九州にまで、行商販売を行っていたのである。

慶応三年頃になると処方の内容も蘭医方の影響を受けてか「セメンシナ」や「サフラン」等も見受けられるようになっている。又売薬営業—当時は「合薬渡世」と称していた—の人達も相当に増えて現在の同業組合の如許可についても「無害無効」主義をとられるようになり、そのため売薬の信用を失墜し「売薬は効かないもの」との印象を与えるようになり、為に売薬は甚大な打撃をこうむり、その後永年に亘って売薬の汚名は拭われなかった。

明治四三年に至って、当局も無効主義の弊を認め、大衆の簡易治療薬としての使命を認識し有効な内容で充実した売薬を調整発売せしめんとして各府県に通達したので漸次品質は向上し大正三年十月には売薬法の改正を見、爾来長足の進歩をとげ現在の隆盛を見るに至った。

以上の如く古い歴史を有する奈良県家庭薬は日本医薬業の母体で現在本邦業界の重鎮として活躍せられる方々を輩出し、其の数十指に余るのであります。　奈良県知事（当時）奥田良三

「奈良のくすり」（奈良県薬務課、昭和30）より、当時のくすりの広告。（次頁へ続く）

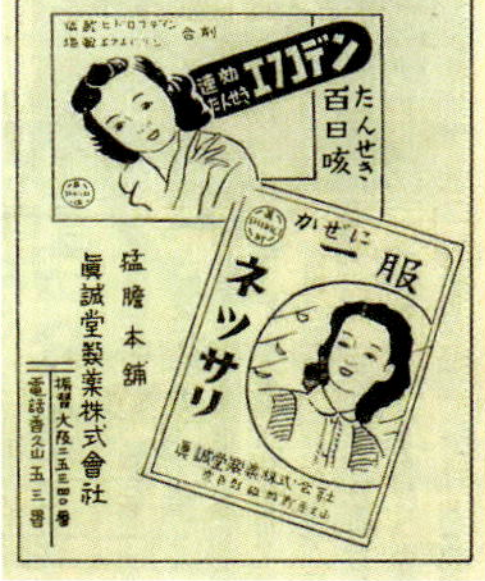

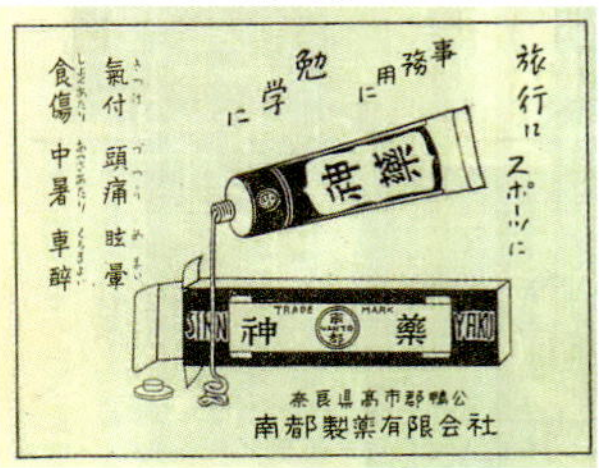

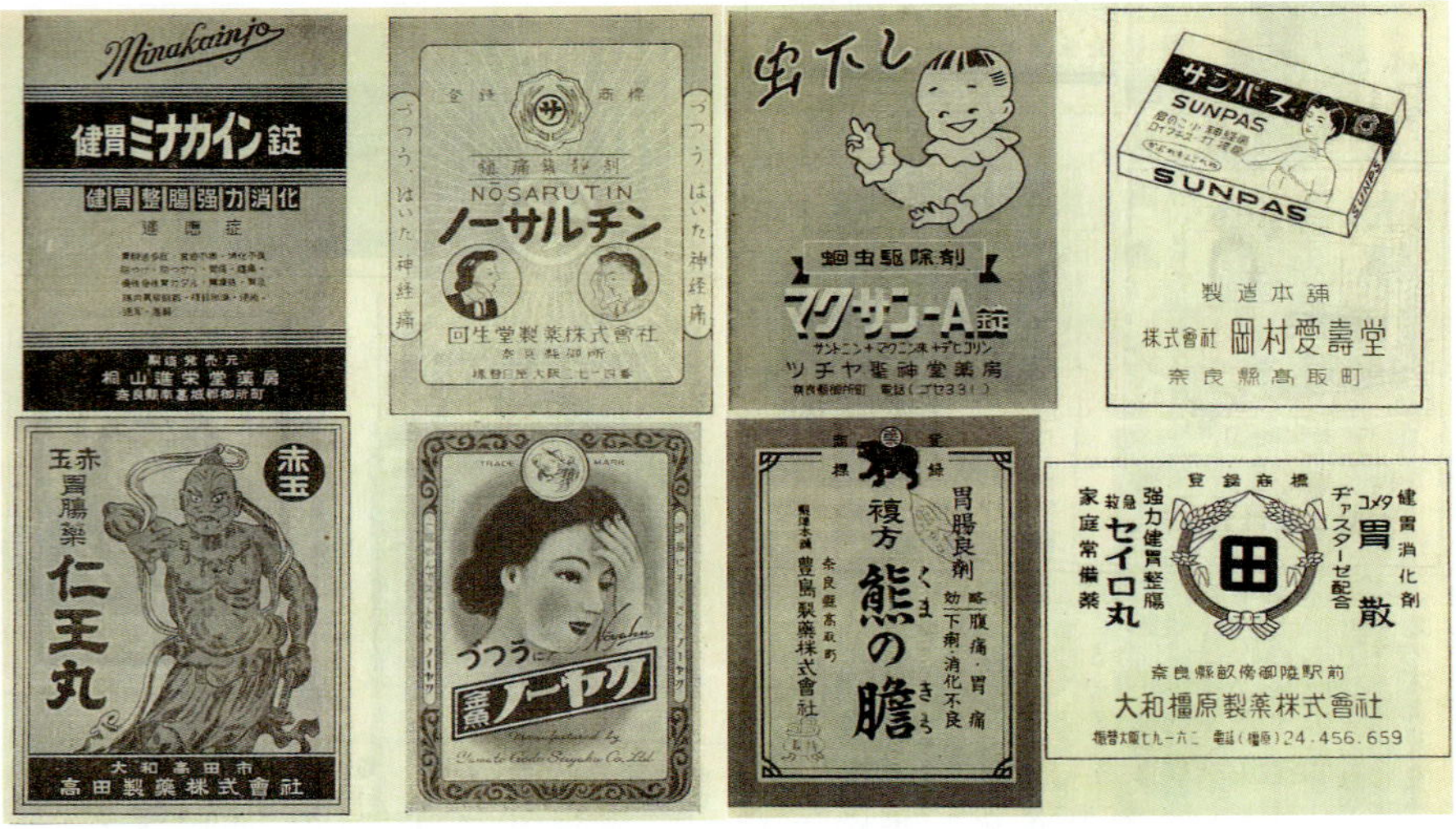
Minakainjo
健胃ミナカイン錠
健胃整腸強力消化
製造発売元
NOSARUTIN
ノーサルチン
づつう、はいた神経痛
回生堂製薬株式會社
虫下し
蛔虫駆除剤
マクサニーA錠
ツチヤ聖神堂薬房
SUNPAS
サンパス
製造本舗
株式會社 岡村愛壽堂
奈良縣高取町
赤玉
胃腸薬
仁王丸
大和高田市
高田製薬株式會社
づつうに
金鳥 ノーヤク
胃腸良剤
複方 熊の膽
腹痛・胃痛
下痢・消化不良
豊島製薬株式會社
健胃消化剤
コメタ 胃散
ヂアスターゼ配合
強力健胃整腸
セイロ丸
家庭常備薬
奈良縣畝傍御陵駅前
大和橿原製薬株式會社
電話(橿原)24.456.659

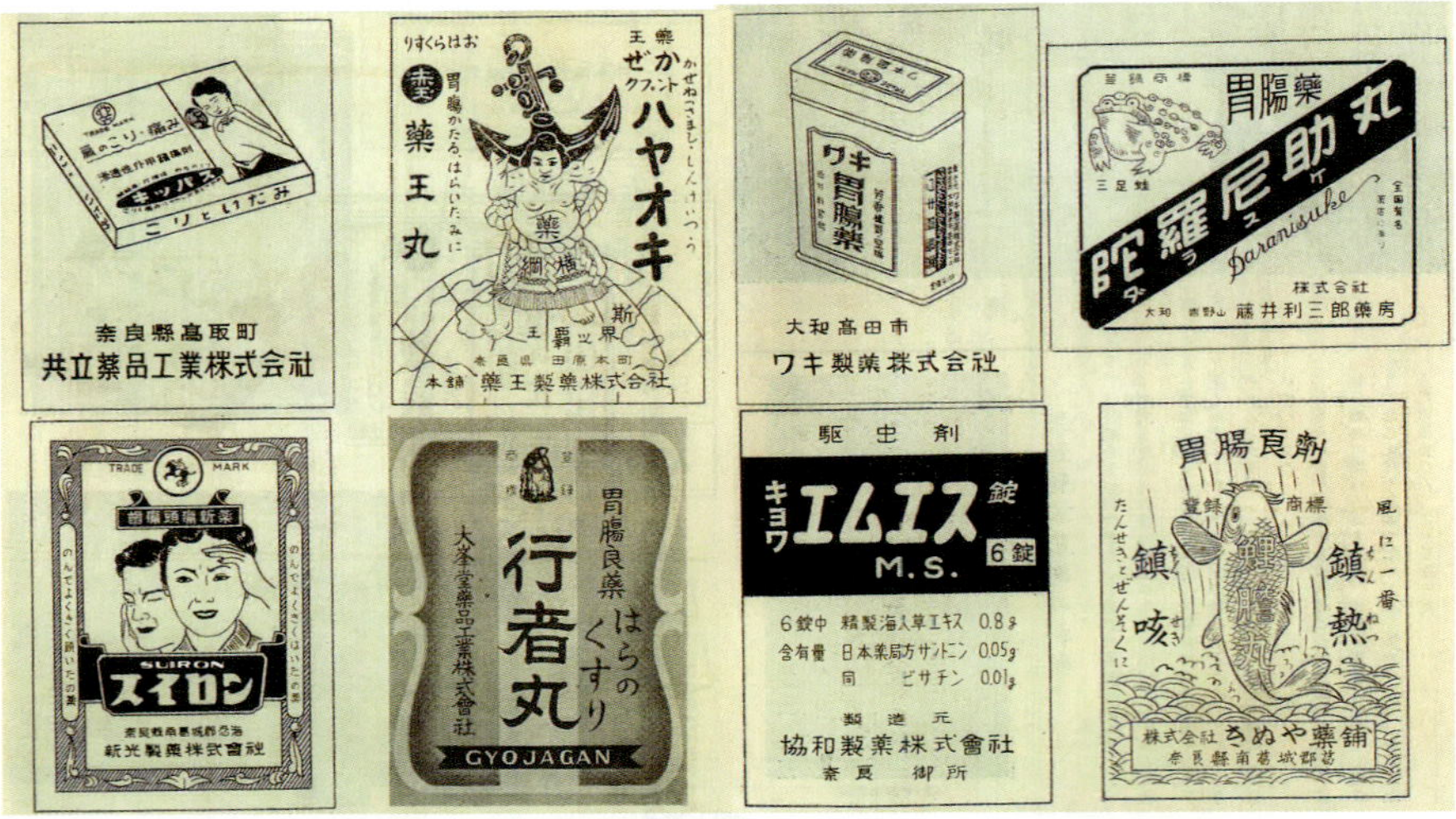
奈良縣高取町
共立薬品工業株式会社
薬王丸
ハヤオキ
本舗 薬王製薬株式会社
ワキ 胃腸薬
大和高田市
ワキ製薬株式会社
胃腸薬
陀羅尼助丸
Daranisuke
株式会社 藤井利三郎薬房
SUIRON
スイロン
新光製薬株式會社
胃腸良薬
行者丸
はらのくすり
大峯堂薬品工業株式會社
GYOJAGAN
駆虫剤
キヨワ エムエス錠
M.S.
6錠
6錠中含有量 精製海人草エキス 0.8g
日本薬局方サントニン 0.05g
同 ビサチン 0.01g
製造元
協和製薬株式會社
奈良御所
胃腸良剤
鎮咳
鎮熱
株式会社 さぬや薬舗

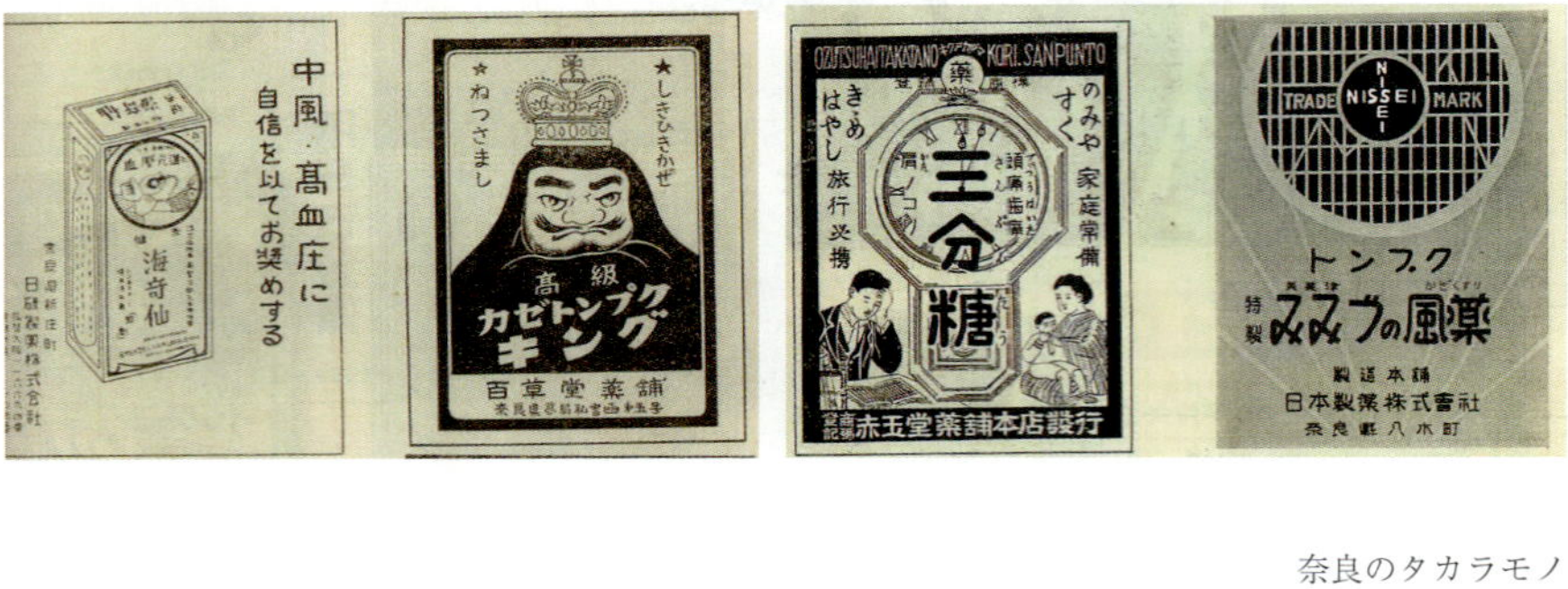
中風・高血圧に
自信を以てお奨めする
海奇仙
しきひきかぜ
ねつさまし
高級
カゼトンプクキング
百草堂薬舗
OZUTSUHAITAKATANO KORI.SANPUNTO
三分糖
のみやすく家庭常備
赤玉堂薬舗本店發行
TRADE NISSEI MARK
トンプク
特製 みみづの風薬
製造本舗
日本製薬株式會社
奈良縣八木町

第2章

奈良のタカラモノ

家族野菜を未来に繋ぐ旅

種子について

――「時」の海を泳ぐ稚魚のように
すらりとした柿の種

吉野 弘

人や鳥や獣たちが
柿の実を食べ、種を捨てる
――これは、おそらく「時」の計らい。
種子が、かりに
味も香りも良い果肉のようであったなら
貪欲な「現在」の舌を喜ばせ
果肉と共に食いつくされるだろう。
「時」は、それを避け、
種子には好ましい味をつけなかった。
固い種子――
「現在」の評判や関心から無視され
それ故、流行に迎合する必要もなく
己を守り
「未来」への芽を
安全に内臓している種子。
人間の歴史にも
同時代の味覚に合わない種子があって
明日をひっそり担っていることが多い。

奈良県の伝統野菜の取り組み～大和野菜

◆作物の8大起源地説

本章では「奈良のタカラモノ～家族野菜を未来につなぐ旅」のテーマのもと、奈良県の在来作物である大和伝統野菜についてご紹介していきたいと思います。がその前に、

①現在、私達の暮らしを支えてくれている多種多様な野菜はどこで誕生して日本に伝来したのか

②奈良県の野菜に対するブランド化の取り組みの歴史

③奈良県のブランド野菜である「大和野菜」

について順にお話ししていきたいと思います。

1951年に当時のソビエト連邦（現ロシア）の植物学者ニコライ・イワノビッチ・バビロフが提唱した、植物の起源と多様性に関する重要な理論「作物の8大起源地説」は、特定の作物が起源した8つの主要な地域があるとする考え方です。諸説はありますが、現在でも多くの学者に支持されていることの説によると、これらの地域はその作物の遺伝的多様性の中心であり、農業の歴史的な発展において重要な役割を果たしてきたとされています。つまりバビロフの「作物の8大起源地説」に基づいた8つの起源地から、世界的な人類の移動や交流、交易を経て、農業の発展と共に多くの作物が世界各国に広がり、人類の食生活に重要な役割を果たしていったのです。

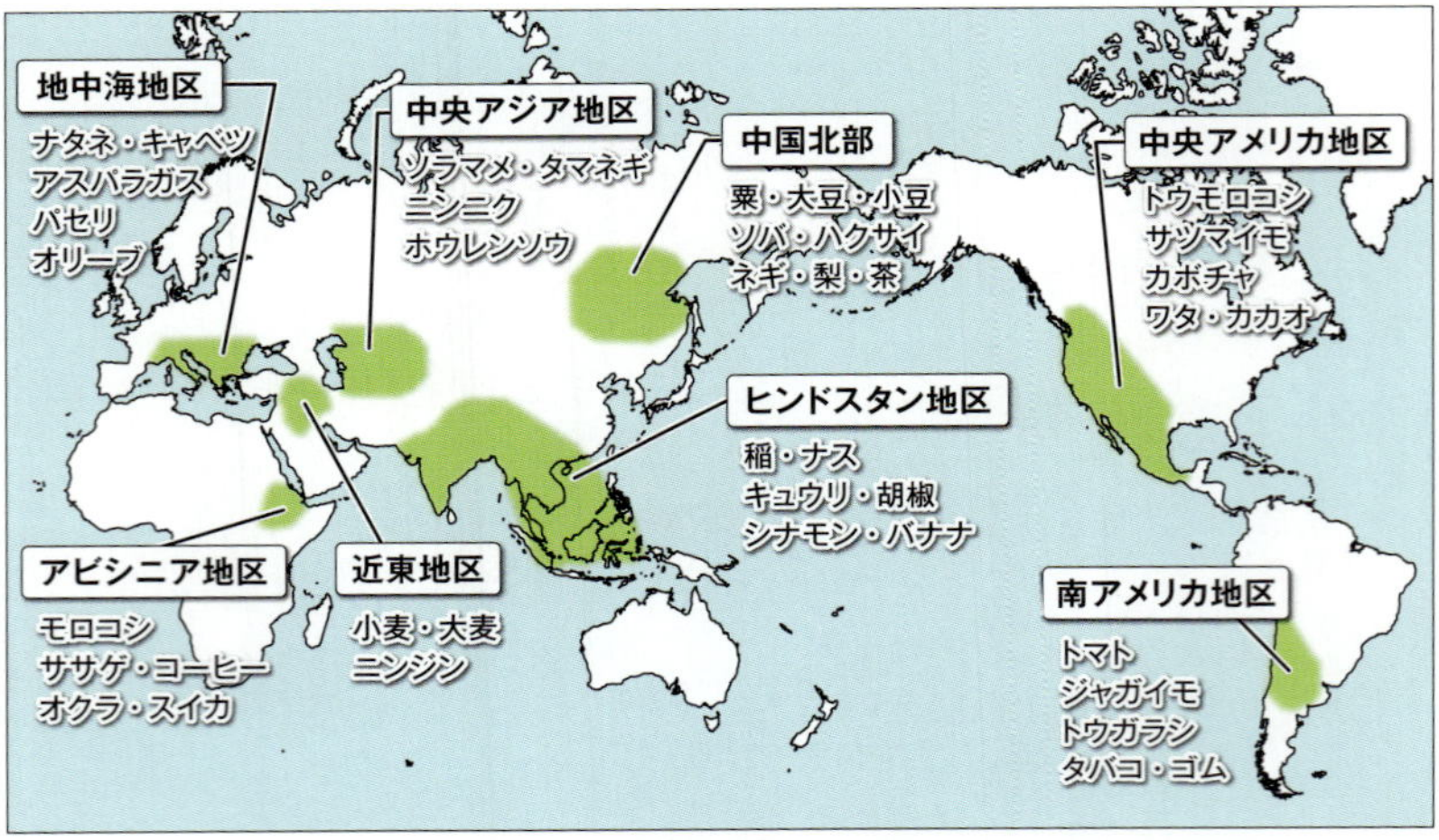

図　作物の８大起源地

■作物の8大起源地

①中国地区　粟、大豆、小豆、ソバ、ハクサイ、ネギ、梨、茶など。
②ヒンドスタン地区　稲、ナス、キュウリ、胡椒、シナモン、バナナなど。
③中央アジア地区　ソラマメ、タマネギ、ニンニク、ホウレンソウなど。
④近東地区　小麦、大麦、ニンジンなど
⑤地中海地区　ナタネ、キャベツ、アスパラガス、パセリ、オリーブなど。
⑥アビシニア地区　モロコシ、ササゲ、コーヒー、オクラ、スイカなど。
⑦中央アメリカ地区　トウモロコシ、サツマイモ、カボチャ、ワタ、カカオなど
⑧南アメリカ地区　トマト、ジャガイモ、トウガラシ、タバコ、ゴムなど

現在、日本で栽培され、市場に出荷されている野菜の数は、約140〜150種類と言われていますが、その中で日本が原産地と考えられているのは、「ウド」、「フキ」、「セリ」、「ミツバ」、「ミョウガ」、「ワサビ」、「自然薯」などを代表に約20種類程度とされています。上記のほか、『ゴボウアザミ」、「ハマボウフウ」、「タデ」、「ヒシ」、「ツルナ」、「ジュンサイ」、「アサツキ」、「サンショウ」、「ユリ」、「クロクワイ」、「カンゾウ」、「クコ」、「オニバス」等も日本原産の野菜とされています。

奈良時代から平安時代にかけて、日本と朝鮮半島・中国大陸との交流が深まり、朝鮮・中国大陸の野菜のみならず、ここを経由して中央アジア、中近東、ヨーロッパ原産の野菜も伝来してきました。続いて、室町時代末期以降には、南蛮船を通じてヨーロッパ原産の野菜やアメリカ大陸原産の野菜が次々と渡来してきました。江戸時代は鎖国政策を行っていま

したが、現在知られている野菜のほとんどがこの時代には伝わってくることとなりました。

我が国の食の安定供給に大きく寄与している農林水産省が定めた「指定野菜14品目」と呼ばれる野菜があります。指定野菜とは農林水産省によって、全国的に流通し、特に消費量が多く重要な野菜として指定された野菜を表します。指定野菜14品目で全国の野菜出荷量の約70%を占めていますので、この14種類の野菜が我が国の食の安定供給に大きく寄与しているといっても過言ではありません。14品目は3つの種類に分類されており、果菜類としてキュウリ、ナス、トマト、ピーマン、葉茎菜類としてキャベツ、ほうれん草、レタス、ねぎ、玉ねぎ、白菜、そして根菜類として大根、人参、じゃがいも、里芋が指定されています。

これらの野菜は、私達の生存の為に欠かすことのできないものですが、元々は先述しましたように日本原産の野菜ではなく海外から伝わったものです。いつかの時代に、どこかの国から日本にもたらされて、それぞれの地域の気候風土に適応することで栽培が続けられていく中、自然交配や品種改良が行われることで様々な個性のある地方品種が誕生していきます。そして、淘汰されることなく、より良く調理する方法である食文化と共に、種が継がれてきたものが在来種、伝統野菜と呼ばれる野菜となっていきました。

奈良県の農業と野菜に対するブランド化の取り組みの歴史

次に奈良県の農業の歴史について簡単に振り返ってみたいと思います。早くから水田化された奈良盆地では、大阪や京都といった大都市の近郊に位置する為に、古くから都市へ市場流通を通して供給する為の商品作物の需要が高まっていました。江戸時代から明治初期までは米と綿の田畑輪換、明治中期から大正中期までは綿に代わって、桑、梨、桃、茶

◇大和まな

などの永年作物も交えて、米、各種野菜の田畑輪換、そして大正終期からはスイカを中心としたホウレンソウなどの蔬菜と米の田畑輪換が奈良盆地の代表的な生産体系でした。

平成元年に、京都の京野菜に習い、ブランド化を目的として奈良県農林部が普及センターを中心に奈良県の伝統野菜の選定を行ない産地化に支援しました。この時に選定された品目としては、「雑煮大根（後の大和野菜認定時には「祝い大根」に名称変更）」、「宇陀金ゴボウ」、「丸ナス（後の大和野菜認定時には「大和丸なす」に名称変更）」、「ひもとうがらし」、「大和まな」の6品目が挙げられました。また農業技術体系からは奈良県の地方品種として「花丸キュウリ」、「大和三尺キュウリ」、「マクワウリ」、「大和スイカ」、「丸ナス」、「大和芋」、「今市カブ」、「茎レタス」、「ホウレンソウ」などの品目も挙げられています。

上記の品種の中から曖昧ながらも「奈良県の農家が、他府県とは異なるか、他府県にない野菜の育種、栽培をおこなうことによって食生活や食文化の継続につながった野菜」といった定義のもと、選定された「大和芋」、「大和まな」、「大和スイカ」、「大和三尺キュウリ」、「黄マクワウリ」、「今市カブ」、「宇陀ゴボウ」の7品目に奈良漬用の「シロウリ」と小豆の一種である「宇陀大納言」を加えた合計9品目が、当時奈良県農業試験場（現奈良県農業技術センター）によってリストアップされていた大和伝統野菜です。

奈良県のブランド野菜である「大和野菜」について

平成元年のブランド化の取り組みは、充分な成果を得るには至りませんでしたが、時を得て、新たに「大和野菜」という奈良県野菜のブランド化の取り組みがはじまります。

「大和野菜」とは、奈良県による認定を受けてのブランド化に向けての生産と流通促進の取

◇大和丸なす

り組みが行われている奈良県内産野菜です。平成17年7月に奈良県農林部（現奈良県食農部）農業水産振興課が中心となり開催された大和野菜認定審査会の中で、次に述べる3つのポイントが大和野菜の認定基準と定められました。①奈良県で戦前から栽培され地域の歴史・文化を受け継いだ独自の栽培方法で生産されており、味・香り・形態・来歴に特徴を持っている大和伝統野菜であること。②また奈良県独自の栽培方法や収穫出荷を行い、付加価値を高めた伝統野菜以外の県内産野菜も「大和のこだわり野菜」として認定すること。③これらの中から一定規模の産地化と安定した供給が見込めるものを認定すること。そして、この認定基準をもとにして、先ずは14品目が大和野菜として認定されました。

当時、認定を受けた14品目の野菜は、「大和まな」、「千筋水菜」、「宇陀金ごぼう」、「ひもとうがらし」、「軟白ずいき」、「大和いも」、「祝だいこん」、「結崎ネブカ」、「小しょうが」、「花みょうが」の大和伝統野菜10品目と「大和ふとねぎ」、「香りごぼう」、「半白きゅうり」、「朝採り野菜」のこだわり野菜4品目でした。

その後、5度の追加認定を経て、大和伝統野菜には「大和きくな」、「片平あかね」、「紫とうがらし」、「黄金まくわ」、「大和三尺きゅうり」、「大和丸なす」、「下北春まな」、「筒井れんこん」、「味間芋」、「黒滝白きゅうり」の大和伝統野菜10品目と、「こだわり野菜」として「大和寒熟ほうれんそう」の1品目が新たに加わり、現在は25品目が大和野菜の認定を受けています。今後も追加認定が行われることで品目が増える可能性がありますが、現在、その中で大和伝統野菜は20品目を数えています。

大和野菜の認定を受けた大和伝統野菜20品目は「一定規模の産地化と安定した供給が

◇「軟白ずいき」を生産される木本芳樹さん

写真提供：N.I.PLANNING CO.,LTD.

◇下北春まな

見込めるもの」という認定基準を満たしており、既に特産化、市場流通、生産振興の取り組みが行われているものに限られていますが、それとは異なり、一般消費者には名を知られることもなく、地域の食文化と共にひっそりと作り続けてこられた大和伝統野菜も県下には数多く存在していることがわかってきました。

各都道府県の食文化のバイブル的存在として知られる農山漁村文化協会より発行されている聞き書きシリーズ『聞き書 奈良の食事』の著者の一人でもあり、奈良県初の農業大学校（現ＮＡＦＩＣ）の女性校長として活躍された飯田明美さんは、農業普及員として働く経験を活かして執筆している際、様々な地域の田畑で栽培され受け継がれてきた伝統野菜や食文化のことを「田からの賜りもの」を捩り「タカラモノ」と話していたというエピソードを教えてくださいました。その言葉にインスピレーションを受けて、本書のタイトルを思い浮かべたわけですが、時を経て奈良の宝物をこうしてご紹介できることを嬉しく思っています。

「京の雅に対して大和の鄙び」、「京都の野菜は売る野菜、大和の野菜は自ら作って自ら食べる野菜」と評される言葉があるように、奥大和地域19市町村を中心に自給用の菜園に目を移すと、飯田さんの言葉の通り、作り手や家族の嗜好性を重視し、家族の喜ぶ顔を思い浮かべながら育てられ、地域の食文化と共に受け継がれてきた多種多様の野菜が存在していたのです。先人が育み継承してきた品種は地域資源であり、またその土地固有の食文化や栽培方法がつまっているかけがえのない地域の文化遺産でもあります。

では、ここから28年間にわたり奈良県内の聞き取り調査を行うことで明らかになってきました大和の在来作物「奈良のタカラモノ」についてご紹介していきます。

◇大和きくな
奈良市大安寺北部地区で戦前から自家採種されてきたキクナは切れ込みの深い大きな葉が特徴で、「大安寺キクナ」と呼ばれ市場の高い評価を得てきました。平成17年に、県内での生産振興を目的に「大和きくな」の名称で大和野菜の認定を受けています。

「聞き書 奈良の食事」（農山漁村文化協会刊）

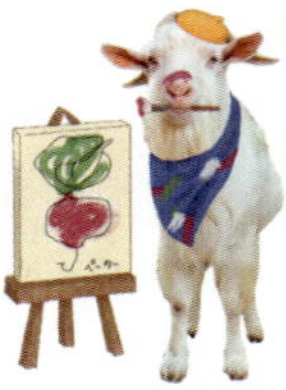

コラム　画家　榎森彰子さん
～足元のタカラモノを描き続けて

20年に亘って私達の育てた大和の野菜を描き続けている作家さんがいます。天理市在住の榎森彰子さんがその人です。

20年ほど前、画家として活躍されていた榎森さんは何気ない風景の中にひっそりと受け継がれてきた野菜と出逢い、「大切な宝物は遠くのどこかでなく足もとにあった」と感じられたそうです。ゴッホはじめ著名な画家や写真家もやがては生活の身近な、自分の故郷にあるテーマを創作されることがありますが、榎森さんも若いころは「ここでないどこか」、に楽しい幸せがあると信じて創作活動をされてきましたが、40歳を過ぎた頃、足元に探しているタカラモノを見つけたそうです。

そしてまさにそのタイミングで北山野辺の道沿いにある私達のレストランに訪れてこられた榎森さんと私達夫婦は運命的なご縁をいただくことになりました。

そして自然と流れるように大和伝統野菜を調査、栽培し種を受け継いでいく私達の活動と、それを描く彰子さんとのコラボレーションがはじまりました。

四季折々、巡る季節の中で、榎森さんの個性豊かで鮮やかな色彩、多種多様なカタチと物語に魅せられた「大和伝統野菜」を描いていくというライフワークがはじまりました。

そうして伝統野菜そのもののように個性的で魅力溢れる作品が一つ、また一つと誕生していきます。

◇榎森彰子さん
天理市出身。画家・イラストレーター
高校の美術講師を経てマーケティング企画事務所勤務の後フリーに。大和をテーマに製作を始める。絵画教室「奈良三原色の会」を主宰。

食べる人の喜ぶ顔を思い浮かべ、先人より受け継がれてきた大和伝統野菜は地域の食文化という物語を宿したかけがえのない小さな文化遺産です。

榎森さんの描かれた作品は清澄の里 粟、粟 ならまち店の店内に展示させていただいていますが、その作品からは野菜たちの楽しそうなおしゃべりが聞こえてくるようです。

そしてたくさんの作品を一堂に会して、日本の伝統的な遊び文化で大和伝統野菜について学んでいただく食育教材ができたらという思いから、「大和の野菜いろはカルタ」というタイトルの愛らしいオリジナルカルタが完成しました。

親しみやすく、時に頬を緩ませられるフレーズと一緒に紹介される彰子さんの野菜たちの表情の数々。

榎森さんは語ります。「四季折々の野菜札に親しんでいただきながら、おしゃべりな大和伝統野菜の語りかけに耳を傾けていただき、より多くの方々に、大和の野菜とその文化が伝わっていけば嬉しく思います」。

◇野菜作品
榎森さんの描く野菜達は、下描きをしないで赤・青・黄・白の４色の不透明 水彩絵具だけを使用して描く「キミ子方式」という 絵の描き方を取り入れて描かれています。

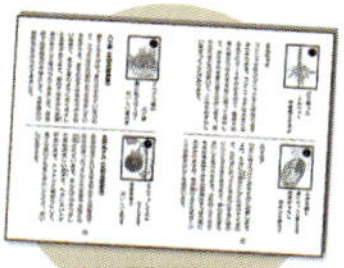

◇「大和野菜いろはカルタ」
別冊付録「大和の野菜のおはなし」の監修を担当させていただきました。

◇販売先インフォメーション
・なら歴史芸術文化村
・天理市トレイルセンター
・啓林堂書店等

1 大和一寸そらまめ

そら豆は世界最古の作物の一つとされており、紀元前5000年ごろの新石器時代には栽培の形跡が確認されています。古代エジプトやギリシャで栽培記録が残っています。

我が国への伝来も古く、奈良時代に東大寺大仏の開眼法要のため、インドの僧である菩提僊那《ぼだいせんな》が日本に招かれた際に、インドから持参したソラマメを行基《ぎょうき》に手渡しました。行基がこのマメを摂津国武庫郡武庫村（現兵庫県尼崎市）で試作させたのが日本でのソラマメ栽培の始まりであるとされており、その後に縁起の良い豆として各地に広がっていきました。江戸時代の文献を紐解くと、既にソラマメが名産品として大和の国で多く生産され、土産物にもなっていたことがうかがえます。大和の国は、江戸時代からソラマメの産地として広く知られ、ソラマメは別名「大和豆」と言われるほど大和の代表的な農産物となっていました。

「大和一寸そらまめ」は県内で栽培されていた在来種の一つで、大正12（1923）年に奈良県農事試験場（現農業研究開発センター）が県内各地から収集し、栽培比較試験を行っていたことが記されています。

またソラマメ関連の「はじまりの奈良」をテーマにした逸話として、フライビーンズが挙げられます。フライビーンズ（いかり豆）は、乾燥させたソラマメを揚げて味付けしたお馴染みの豆菓子ですが、こちらは奈良県が発祥地とされ、1935年頃から製造が始まったとされています。

◇大和一寸そらまめ

◇フライビーンズ

2　十津川エンドウ

エンドウマメ（豌豆）は、古代から人類に親しまれてきた豆類の一つです。紀元前7000年頃から南西アジアで栽培されており、古代エジプトやギリシャ、ローマでも重要な作物として栽培されてきた歴史があり、エジプトのツタンカーメンの墓から出土した「ツタンカーメンのエンドウ」は大きな話題にもなっています。

8世紀から10世紀頃に中国を経由して遣唐使によって日本に伝来したとされているエンドウマメですが、わが国における栽培は、明治時代に本格的に始まり、欧米各国から多くの品種が導入されました。

平安時代の文献『倭名類聚抄《わみょうるいじゅしょう》』には「乃良末女《のらまめ》」として記載されており、当時の一般的な呼び方だったようですが、室町時代には「園豆」と書いて「えんとう」と読まれ、安土桃山時代には現代の「豌豆《えんどう》」という表記が定着しました。

エンドウマメは、完熟種子を乾燥豆として使う以外に、未熟の莢を食べる「さやえんどう」、完熟前の軟らかい豆を莢からむいて食べる「実エンドウ」、そして未熟の豆を莢ごと食べる「スナップエンドウ」、さらに最近では新芽を摘んで食べる「豆苗」など、多様な利用法があります。

十津川村で受け継がれてきた「十津川えんどう」は「実エンドウ」に適した品種で、グリーンピースとして「豆ごはん」、完熟種子をエンドウ味噌に加工するなどして利用されてきました。人気品種の「うすいえんどう」に勝るとも劣らない豊かな甘みと、完熟させた豆は大豆のように皺のない美しい形状も、この品種の特徴です。

◇十津川エンドウ

◇植東みち子さん
十津川村で「十津川えんどう」を作り継いでこられた植東みち子さん

3

野川芋《のかわ》

ジャガイモはナス科の多年草で、インカ文明で知られるペルーとボリビアの間にまたがったアルティプラノ高原チチカカ湖が発祥地とされ、ヨーロッパへは15世紀末の新大陸発見以降に知られるようになり、その後にアイルランドなどの北ヨーロッパでは主食にされるなど、主要な食用作物として世界に広がっていきました。日本への伝来は慶長年間（1596～1615）に、オランダ人によってジャガカトラ（現在のインドネシアにあたるジャカルタ）からもたらされたとされています。「ジャガトライモ」が、略されて「ジャガイモ」に定着したことが名前の由来。

「大峯山」と「高野山」を結ぶ「すずかけの道」と呼ばれる古道沿いにある野川地域で古くから栽培されていたものは、「赤いも」と呼ばれていましたが、いつしか地名を冠した「野川芋」と呼ばれるようになりました。

収穫したばかりの芋は美しい桜色をしていますが、時間の経過とともにその色は次第に落ち着いた赤色へと変化していきます。肉質は非常にしっかりとしていて白色。おでんなどの煮炊きものも煮崩れせず、しっかりとした肉質をもっています。また貯蔵性に優れ、6月から7月に収穫した芋は、越年して貯蔵しても甘みが増し、食味が落ちることがないとのことです。地元の郷土食としては「パチ芋」が挙げられます。これは小ぶりな野川芋を、塩とたっぷりの水とで炊き上げたもので、塩が貴重だった昔は漬物の汁で炊いていたそう。水気がほとんどなくなるほど炊き込まれることによって、固くなったイモの中に空洞ができ、口の中に入れると「パチッ」と音がすることから、そう名づけられたそうです。

◇野川芋
野川芋の特徴は、美しい桜色の外皮としっかりとした食感。

◇冨家豊治さん
代々、野川芋を栽培されてこられた冨家さんは、その理由を、「男爵やメークインに比べると収穫量が少ないんだけど、美味しいから」と明快に答えてくださった。

4

洞川芋

古くから天川村洞川地区で作られてきたジャガイモの一種です。かつては洞川地区で広く栽培されていましたが、徐々に「男爵」や「メークイン」といった近代的品種に置き換わられ、最終的には同地区在住の吉野喜美子さんのみが栽培している状況となっていました。その後、吉野さんがお亡くなりになられたことで、絶滅したかと思われていた「洞川芋」でしたが、天川村役場の調査により、吉野さんが生前に耕作していた畑から5個の洞川芋が発見されました。平成23（2011）年に発見された種芋を受け継いで、役場の職員による2か所の畑で栽培がはじめられたが、その年の夏に起こった紀伊半島大水害により1か所の畑が水没し、かろうじて残ったもう1か所の畑から収穫された種芋を大切に翌年以後も増やし続けました。2度にわたる絶滅の危機を乗り越えた「洞川芋」は、その後、10数軒の農家が栽培できるまで復活しています。

「洞川芋」の特徴は外見が薄いピンク色で、中身は他のジャガイモと同様のクリーム色。煮崩れしにくく、粘り気のある食感が特徴です。専門機関の調査により、現在市場に出回っているどのジャガイモの遺伝子も受け継いでいない独自のジャガイモであることが判明しています。

◇森田さんご夫妻
2度にわたる絶滅の危機を乗り越えた「洞川芋」を大切に受け継がれている森田久勝さん、伊勢子さんご夫妻。

◇洞川芋の塩ゆで
シンプルな郷土食は、粘り気のある食感が絶品です。

5

ひもとうがらし

　とうがらしは、野菜であると同時に香辛料（スパイス）として、世界中で活用されている作物です。原産地は中南米の熱帯地方とされておりコロンブスによって初めてスペインにもたらされ、ヨーロッパに広がっていきました。刺激のある辛味と食欲をそそる香りは次々と人々を魅了し、瞬く間に東へ西へと広まっていきます。渡来の経緯には諸説ありますが、南蛮船に乗ったポルトガル人により、1542年には豊後大名の大友宗麟にカボチャの種とともに献上されたという記録も残されています。

　奈良で生まれ受け継がれてきた「ひもとうがらし」はその名の通り細くて長い形状が特徴で、その容姿から「みずひきとうがらし」という別名で呼ばれることもあります。非常に多収で、夏から秋にかけて枝いっぱいに細長い果実を実らせます。郷土食としては佃煮などの煮物に炒め物、揚げ物などに調理し利用されてきましたが、近年では県内産野菜の使用を重視されるイタリアンやフレンチなどのシェフにも幅広く利用されています。

　生産振興や換金作物として想定すると、ピーマンや万願寺とうがらしなどの大型とうがらし類と比較した場合、一つ一つの果実が小さく、多収な故に収穫に手間がかかることが挙げられる為に、作りやすく美味しい品種でありながらもプロの農家が栽培に取り組まれることは難しい品種といえますが、栽培のしやすさ、たくさんの収量、そしてその魅力的な風味を楽しむ為に、自給作物として栽培が広がっていくことが期待できる家族野菜の一つです。

◇ひもとうがらし

6　紫とうがらし

とうがらしが属するナス科トウガラシ属は、世界に3000種類以上あるといわれています。江戸時代初期までに、日本でも実に多様な品種が様々な地域で誕生し栽培されてきました。辛味の強い品種としてよく知られるものとしては、一味や七味唐辛子の材料となる鷹爪《たかのつめ》。また辛味の少ない品種としては万願寺とうがらし。果実の先端の形状が獅子に似ていることから獅子唐《ししとう》と呼ばれる品種があげられます。

元々農家の自給用の作物としてひっそりと受け継がれてきた「紫とうがらし」ですが、平成19年に「大和野菜」に認定されたことを機に、奈良の人々にも広くその名が知られるようになってきました。地域で代々受け継がれてきた「紫とうがらし」の栽培を続けている阪本慎治さんの畑は大和高原と大和盆地を結ぶ境界に位置する「清澄《きよすみ》の里」と呼ばれる奈良市精華地区の集落にあります。市街地近郊に位置しながら日本の原風景を想わせるような豊かな自然が受け継がれており、多様な気候風土をもった中山間地域です。収穫期になると紫色に輝く5〜8センチ程度の大きさの果実を次々と実らせます。県内でも長い間多くの人に知られることなく主に奈良盆地の東部山間地域を中心に育てられてきました。いつどのようにして伝わったのかは不明ですが、聞き取り調査によると、100年以上も前から栽培されてきたとのこと。

夏から秋の終わりの霜が降りるまでの長い期間、多くの収穫をもたらしてくれます。また、郷土食としては佃煮や炒め物として利用されてきました。加熱すると、紫色から緑色へと変化するのも特徴の一つです。

◇阪本慎治さんご一家
阪本家の畑では、里芋など家族のお気に入りの野菜が、年間を通して約40種類以上育てられています。

「奈良のタカラモノに会える店」

コラム　粟 ならまち店

「清澄の里 粟」の姉妹店となる「粟 ならまち店」は、東大寺や興福寺、元興寺の門前郷として栄え、今なお当時の面影や歴史を感じさせる風情ある奈良町の一角にあります。

江戸から明治時代の町家が残っている街並みの中に佇む築140年の町家を改装した建物は奈良町で多くの古民家改修を手掛けてこられた藤岡龍介さんの設計で、「ウナギの寝床」と称された間口が狭く、奥に長いつくりとなっています。自然光を取り入れる坪庭があり、古民家の特徴を感じていただけるしつらえの中、座敷席、蔵を改装したテーブル席等々があります。

車で約15分の本店「清澄の里 粟」の周辺で栽培される大和伝統野菜をはじめとする多種多様な食材に奈良県のブランド銘牛「大和牛」を使用したコース、そして奈良時代の木簡に記されていた食材研究の成果をコンセプトにした「来寧コース」等々をセレクトでき、奈良のクラフトビールに清酒発祥地の奈良県内で醸される多くの奈良地酒を堪能していただけます。

平成10（1998）年に世界遺産登録された「古都奈良の文化財」は8つの資産で構成されていおり、奈良町はその中の東大寺、興福寺、春日大社、春日山原始林、元興寺へのアクセスも容易です。ガストロノミーツーリズムという「地域の食文化を楽しむ」観光が注目を集めている中、「はじまりの奈良」、「個性あふれる食材」、そして「豊かな文化財」を有する奈良を「食×歴史文化」、「食×伝統工芸」を切り口に巡れることは奈良の

◇粟 ならまち店スタッフ
16年目を迎えた「粟 ならまち店」。開店以来、店長を務める新子大輔くん（写真左端）は「大和伝統野菜の復興」に共に取り組んできた盟友。
粟 ならまち店を支えてくださっている素敵なチームのみなさん！

大きな魅力となっています。

◇清酒
県内を代表する奈良地酒に加えて、季節ごとにセレクトする季節限定のお酒を揃えています。

◇粟 ならまち店外観

◇料理
夏野菜の「ひもとうがらし」、「紫とうがらし」は巡る季節の定番野菜として大和牛の陶板焼きの添え野菜として登場しています。

粟 ならまち店
Facebook

粟 ならまち店
ホームページ

世界遺産
「古都奈良の文化財」

7　大和とうがらし

平成17（2005）年に西吉野村とともに五條市と合併した大塔村には「大和とうがらし」と呼ばれている素晴らしい風味を持つとうがらしが受け継がれてきました。

旧大塔村は元々郷土食として「唐辛子味噌」を各家で造る食文化があり、旧大塔村引土《ひきつち》集落では、昭和8年生まれの梅本ミユキさんが親の代から栽培されていたとうがらしを自家採種して栽培し、唐辛子味噌づくりを続けてこられていました。ご自身にとっては子供時代から親しんでいる当たり前の味と風味でしたが、中小企業診断士として活躍されているご子息の幸男さんが、このとうがらしで造った「自家製一味」を友人達にプレゼントしている内に、その独特の風味が評判となり、いつしか「大和とうがらし」と呼ばれるようになったとのことです。

幸男さんのサポートもあり、今もお元気で種を採り、ご近所に育てた苗を配り、「大和とうがらし」の栽培を続ける梅本ミユキさん。これからもこの地域の「タカラモノ」が受け継がれていくことを願ってやみません。

◇梅本ミユキさん

8　十津川とうがらし

辛味の強い品種としては、一味や七味唐辛子の材料としても利用されている「鷹爪《たかのつめ》」が知られていますが、京野菜の「万願寺とうがらし」、果実の先端の形状が獅子面に似ていることから「獅子唐《ししとう》」や「ピーマン」に「パプリカ」等の辛みのない品種もとうがらしの仲間に挙げられます。

「十津川とうがらし」は、奈良県の南部、日本一大きい村として知られる十津川村で古くから栽培されてきました。

十津川村は、紀伊半島の中央に位置し、村の60％を山林が占めており、広くて深い急峻な山々、「陸の孤島」と称される山深い厳しい環境の中、村の方々は「一致団結・不撓不屈・質実剛健」という代々受け継がれてきた十津川精神で自然と共に生きる知恵と技を大切に人と人がつながりあう豊かな暮らしを営まれています。

「十津川とうがらし」は一見すると、「ひもとうがらし」と同じような細くて長い形状が特徴で、熟すると美しい赤色の唐辛子となります。

「鷹の爪」同様にしっかりとした辛があり、赤く熟したとうがらしを乾燥させることで、一年を通して薬味として活用されます。この村の代表的な郷土食の一つに「日本のおにぎり百選」にも選ばれている「めはりずし」という、高菜の漬物にご飯を包み込んだ「おむすび」があります。その「めはりずし」に欠かせない高菜漬づくりの欠かせない隠し味としても利用されてきました。

◇十津川とうがらし

9 ― ふじまめ

地方によって色々な呼び名がつけられていて、莢の形が千石船に似ていることから三重県と岐阜県では「千石豆《せんごくまめ》」、石川県では「つる豆」、そして同じ石川県の金沢では「ダラマメ」と呼ばれています。一説では、隠元禅師が中国から持ち込んだとされる「インゲン豆」は、このフジマメとされています。この豆は、奈良県五條市で古くから栽培されており、地元では「かきまめ」と呼ばれています。豆の形は完熟すると黒色で「がまぐち」のような独特の形状をしており、莢はインゲンマメよりも短いのが特徴です。

お盆の仏まつりに供えられる郷土食の「七色の和え物」の欠かせない食材の一つとして豆が完熟する前の若い莢を利用してきました。この行事は旧盆である8月15日に先祖の霊を送る前に、ふじまめをはじめとした茄子、ササゲ、かんぴょう等の七つの食材を味噌和えした七色の和え物と、同じ具の味噌汁をお供えするものであり、この伝統的な行事と結びついた食材としてふじまめは継承されてきました。

◇ふじまめ

10

よどまめ

吉野林業発祥地でもあり、吉野川源流の村でもある川上村は、後醍醐天皇の南朝と関わりの深い歴史があり、長年に亘って朝拝式などの伝統的な行事が受け継がれています。その歴史文化の深い川上村高原の集落で、美しい赤と白の「よど豆」を作り継いでこられたのは中辻ミエ子さんです。中辻さんによると、この豆は親の代には栽培してきたことから、100年以上作り継いできた品種ということです。昔は高原のどの家でも作っていましたが、今では栽培している家は数えるほどになっています。

「よど豆」は、一年に2回育てることができるので、別名で「二度豆」とも呼ばれています。5月に山桜が咲く頃に種を蒔き、つるなしインゲンの1種で、お盆の前に硬豆にして収穫。2回目の種まきは8月となり、秋には2度目の収穫を迎えることができるそうです。戦争中に米が貴重だった時には、莢をむいて、若い豆をご飯に炊いて食べたこともありましたが、普段は冬になると「金時豆」のように甘く炊いて調理します。一晩水に浸けて鍋を火にかけ、砂糖と塩を入れるシンプルな調理ですが、豆の風味が何とも言えない絶品の郷土食が出来上がります。貴重な食材として大切にされ、お祝い事などに食されていました。

北海道には「紅しぼり」という名の「よど豆」にそっくりの豆が存在しています。

北海道は開拓という歴史を通して奈良県の十津川村とご縁深い関係がありますが、北海道の「紅しぼり」と川上村の「よど豆」に何かのつながりがあるのか、これから新しい情報についても探求してみたいと思っています。

◇中辻ミエ子さんとよど豆

◇よど豆

11　どいつ豆

インゲンマメの栽培は中央アメリカ高原から始まったとされています。日本への伝来は、承応3（1654）年に黄檗宗の開祖として江戸時代前期に活躍した隠元《いんげん》禅師が中国から持ち込んだとされており、この僧侶の名に因んで「インゲンマメ」と名付けられました。明治初期に欧米から多くの品種が導入され本格的に普及します。関西では通称「サンドマメ」とも呼ばれますが、その名のとおり栽培時期が春から秋にかけて3度、種を蒔き栽培することが可能で、収穫期間が長く家庭菜園用に適していることから、多くの品種が全国で栽培されています。種を食用とする「実インゲン」と主に莢を食用とする「莢インゲン」があり、また栽培方法も蔓を伸ばして実をつける「蔓ありインゲン」や、蔓のない「蔓なしインゲン」と、実に多くの品種が存在しているのもインゲンマメの特徴となります。

若莢《さや》を食用とする「莢インゲン」の仲間になる「蔓ありインゲン」のどいつ豆は、平たい形状の莢が特徴で、「この美味しい豆をつくったのは、どいつ（どの人）」といったところから名づけられたとの一説もあります。

「美味しくて作りやすいから」と奈良盆地の農村で自給用の作物として作り継がれてきたどいつ豆は、栽培する人が食べる人の喜ぶ顔を思い浮かべて受け継がれてきた「家族野菜」を代表する品種の一つです。独自の風味をもったやわらかい肉質の莢をゆがいて、胡麻と和えると、絶品のお総菜ができあがります。常々、名前の由来に触れられることをこれからの宿題として心に留めておきたいと思っておりますので、読者の皆様で真相をお知りになっておられる方がいらっしゃいましたら、ご教示をいただけますと幸いです。

◇どいつ豆
最盛期には、生育力旺盛な蔓に無数の莢を実らせます。

◇乾純子さん
奈良市高樋町で「どいつ豆」を育ててこられた乾純子さん。野菜づくりから在来作物の採種について教えをいただいた恩師のお一人です。

12　まつり豆

「祭り豆」は全く流通することなく、東吉野村の伊豆尾地域を中心に古くから受け継がれてきたインゲン豆の一種です。村の夏祭りの時期に種を蒔き、秋祭りの時期に収穫期を迎えることから「祭り豆」と呼ばれ、外見上の特徴は莢の凹凸がとてもはっきりとしており、豆は熟すと紫色となります。蔓ありインゲンの一種で東吉野村では霜の降りる季節まで、多くの莢を実らせます。

最大の特徴はその食感で、莢インゲンとして食すると、他のインゲンにない独特のモチモチとした食感を楽しめます。また煮豆や豆ごはん等にも利用されるなど、この地域の方々に大切に栽培されてきました。

奈良県内には広く流通することもなく、それぞれの地域で食する人の喜ぶ顔を思い浮かべながら育てられ、ひっそりと受け継がれてきた「家族野菜」と称される野菜が存在しています。この祭り豆もまさしく売る為ではなく、作り手が家族の喜ぶ顔を思い、受け継がれてきた野菜の一つに数えられます。

◇祭り豆と西貝悦子さん
家族の喜ぶ顔を思い浮かべて「祭り豆」を栽培してこられた西貝悦子さん。紫色の祭り豆の種。

◇たくさんの莢を実らせる「祭り豆」の様子。

◇祭り豆
凹凸のある莢はインゲンマメの中でも非常に個性的な存在となります。

13 黄金《おうごん》まくわ

『万葉集』の中で、山上憶良が離れて暮らす子供たちを思い詠んだ「瓜食めば　子ども思ほゆ　栗食めば　まして偲はゆ　何處より　来りしものそ　眼交に　もとな懸りて　安眠し寝さぬ」（巻第五・802）の歌の中で登場する瓜はマクワウリとされていることからも推測できるように、マクワウリは古くから栽培がおこなわれてきた作物で、約2000年前の弥生時代の遺跡である唐古・鍵遺跡（現在の奈良県磯城郡田原本町）でも、土器に付着したマクワウリの種子が発見され、また藤原京跡や平城京跡の遺跡からもその種子が発掘されています。原産地は、アフリカ、中近東、インドと諸説があり、その後シルクロードを通り、中国・韓国を経て日本に渡来したと考えられています。

その名前の由来は美濃国（岐阜県南部）真桑村（のちの真正町、現本巣市）で多く栽培されていたことからで、その地名を冠して「真桑瓜《マクワウリ》」と呼ばれるようになりました。昭和のある時期まで、夏の甘味として多くの地域で食べられていましたが、1962年にマクワウリとシャランテメロンというメロン品種を掛け合わせて誕生した『プリンスメロン』が普及することで徐々に栽培は減少し、市場で見かけることが少なくなりました。

古より大切な作物として受け継がれてきたマクワウリですが、現在でも奈良の風習であるお盆のお供えとしての需要と、昔ながらの風味を楽しむ人々により県内で栽培がおこなわれています。大正時代に在来の系統を導入し奈良県農事試験場で育成された「奈良1号」は今でもマクワの基準品種とされており、全国で生産される種子の多くが奈良県の種苗会社から供給されています。

◇黄金まくわ
平成18年には優れた特徴を有する奈良県品種の黄色いマクワウリが「黄金まくわ」の名称で大和野菜に認定されています。

14　天平メロン

『古事記』と『万葉集』に登場する「熟瓜《ほぞちうり》」は「マクワウリ」のことではないかという説もありますが、奈良時代の遺跡からは「マクワウリ」のような小型メロンの種子よりも大型の種子が多く発掘されている事実は興味深い事実です。日本のウリ科作物の研究に大きな貢献をされた大阪府立大学元農学部教授の藤下典之先生は、長年にわたる調査により、現在、八丈島で栽培されていた大型の種子と同サイズの瓜の一種である「モモルディカメロン」こそが「熟瓜」ではないかと考察されてきました。

藤下先生が行った1997年までの調査によると、日本に現存する雑草メロン、マクワウリ、シロウリ、モモルディカメロンなどのウリの種子が、弥生から江戸時代に至る134遺跡から出土しており、5，000粒以上を出土した遺跡8ヶ所が畿内に集中していました。ウリの種子はその大きさに変種ごとの特異性がみられ、長さで類別すると雑草メロンは6.0㎜以下、マクワウリ、シロウリは6.1～8.0㎜、モモルディカメロンは8.1㎜以上とほぼ3分することができ、この粒大差を利用して遺跡からの出土種子からウリの種類を推測したところ、奈良・平安時代に入ると大粒のモモルディカメロン型が急増したことが明らかになってきました。

この謎のメロンを「天平メロン」と呼び考察を続けてみるとワクワクしてきます。遣隋使や遣唐使などがもたらしたものか、はたまた黒潮に乗って八丈島辺りに渡来したあとに鰹節や魚醤などと一緒に都へ献上されたものだったのか?!今後の研究による真相の解明が楽しみです。

◇故藤下典之先生
元大阪府立大学教授。ウリ科作物を研究テーマに世界44ヵ国でフィールドワークを行い2000種類以上の遺伝資源を収集。奈良県内の種苗会社の顧問も務められウリ科作物のルーツ探索と育種、そして普及に尽力されました。佐藤洋一郎氏監修「ユーラシア農耕史4巻～さまざまな栽培植物と農耕文化」では第2章「ユーラシアのメロン仲間の系譜」を担当。

◇天平メロン

「奈良のタカラモノに会える店」

コラム 大和野菜イタリアン ナチュラ

プロジェクト粟では、清澄の里の市街地近郊の中山間地域という多種多様な作物の栽培に適した特徴と利便性を活かして、遊休農地を単なる貸農園としてだけでなく自家栽培の作物を最大限に活かせるスキルを持つシェフに耕していただく「シェフズファーム　プロジェクト」を行っています。

そのプロジェクトに真っ先に参画いただいている大和野菜イタリアン　ナチュラのオーナーの野村武司さん・日奈子さんご夫妻の畑では、完全無農薬、有機肥料のみを使用し、大和伝統野菜・イタリア伝統野菜を年間約150種類以上栽培されています。

そんなとっておきの食材を使用しシェフの武司さんが腕を振るうナチュラのお料理は、「ガストロノミー」という言葉が普及する以前より、いち早く奈良県内外の生産者とのつながりを紡いでこられ、その食材がメニューの数々にちりばめられています。

どの食材も、それを育まれている生産者と直接にお会いされて仕入れていることで、その食材の物語を聞かせていただけることもナチュラのお料理の素敵な隠し味と言えます。

妻の日奈子さんの太陽のように明るく、あたたかくて、豊かな奈良の歴史・文化につながる知見溢れるサービスは、いつも心地よい時間を演出されています。

県内外の常連のお客様が絶えない奈良が誇る名店の一つです。

◇野村武司さん・日奈子さん
オーナーの野村武司さん、日奈子さん大和伝統野菜をはじめとする奈良食材の魅力に魅せられてるうちに、2017年から清澄の里 粟 のシェフズファームプロジェクトに参画し無農薬・無化学肥料の野菜作りに子どもたちと共に精を出している。

〒631-0036
奈良市学園北1丁目14-5
モンテクール学園前1F
※近鉄「学園前」駅より徒歩3分
TEL 0742（48）1183

◇キノコ栽培
好奇心溢れる野村さんご夫妻のガストロノミーに対する追究が充実。近年は、「大和の伝統野菜」、「イタリア野菜」に加えて、果樹や「シイタケ」、「マイタケ」、「ヤマブシタケ」といったキノコ栽培も手掛けるなど「野村さんワールド」が益々広がり、食・農・文化を一元化して発信していく「ノムランド構想」の今後の展開が楽しみです。

◇野村ご夫妻収穫
農業歴８年。ファミリーで取り組まれるナチュラファームでは、四季を通して豊かな恵みが溢れています。

大和野菜イタリアン
ナチュラ
Instagram

◇大和丸なすを丸ごとカツレツ風に仕上げた「大和丸なすのコトレッタ」。イタリアで老若男女問わずに親しまれている家庭料理の一つです。

◇野村武司さんと丸なす収穫
武司さんが奈良食材の魅力に気づくきっかけとなった中西農園さんの丸なす。

大和野菜イタリアン
ナチュラ
facebook ページ

15 ― 大和丸《やまとまる》なす

原産地がインドとされているナスは8世紀頃に中国から日本に伝わったとされています。平城京の長屋王邸宅跡から出土した木簡には、ナスの粕漬けが贈られたと書かれており、また正倉院文書には、多数の「茄子」の記述が見られることから、奈良時代にはすでにナスの栽培が行なわれていたと考えられています。

「秋茄子は嫁に食わすな」ということわざは、その美味しさゆえの意地悪と、身体を冷やす野菜ゆえの思いやりとの二説がありますが、ナスという野菜は、その後も長きにわたって日本の食卓にしっかりと根付いて大切にされてきた野菜といえます。

奈良県の伝統野菜である「大和丸なす」は、直径は約10センチメートル、その名の通り丸い形状と艶やかで透明感のある光沢、またヘタの際まで濃い黒紫色をしていることが外見上の特徴となります。肉質はよくしまり、柔らかいながらも煮くずれしにくく、焼いても炊いてもしっかりとした食感が残ります。その食感を生かして、主に揚げ物や田楽等、加熱調理に向く食材として料理されてきました。

奈良県では古くから大和郡山市を中心に生産されてきました。中でも約60年前に組合を結成して、地域で代々自家採種して丸なすの生産を行ってきた丸三出荷組合は、半世紀前に結成された歴史ある出荷組合です。平成20（2008）年に「丸なす」と呼ばれて、この地で受け継がれてきたナスは、広く県内で生産振興を行う為に奈良の意「大和」を冠した「大和丸なす」の名称で大和野菜に認定されることになりました。

◇その美しさから「黒紫の宝石」と称される大和丸なす。収穫は4月から10月にかけて最盛期になります。

◇中西昭仁さん
祖父の代から続けてこられた「丸なす」の栽培を受け継いだ中西農園の4代目代表。代々中西家で自家採種されてきた「丸なす」の種を守り、丸三出荷組合の組長を務められています。既に東京、京都ではブラント野菜として知名度を誇る「丸なす」を地元奈良で普及していく取り組みに尽力されています。

16　大和三尺《やまとさんしゃく》きゅうり

最大の特徴はその名の通り細長い形状をもつ品種ですが、収穫期に三尺（約90センチメートル）もの長さに成長することは稀です。通常流通している多くのきゅうり品種の規格が21センチメートルであることから、その約倍の長さとなる40センチメートル程度が標準的な長さとなります。

細長い形状に、キュウリの醍醐味である「ポリポリ」とした歯切れのよい食感と柔かい皮が特徴の品種で、またその雌花は特産野菜の「花きゅうり」としても出荷されていました。大阪の市場では、「大和物」と称され高い評価を得て、昭和の初期から40年代前半まで、大和高原一帯で多くの栽培が行われていましたが、病害虫の抵抗性などの欠点により、その後生産は減り続け、次第に市場から姿を消していきました。

しかし近年、歯切れのよい食感を生かし奈良漬の加工原料として一部の地域で生産が復活し、平成18年には「大和野菜」としての認定を受けました。

青果としてはほとんど流通していない大和三尺きゅうりですが、奈良県産食材の原材料を使用して奈良漬け造りを行われいている東大寺門前の老舗 森奈良漬店では限定の商品として大和三尺きゅうりの奈良漬けを販売されており、その極上の食感を楽しむことが可能になっています。

◇大和三尺きゅうりの生産を手掛ける永座農園代表の永座孝泰さん

◇大和三尺きゅうり

17 黒滝白きゅうり

黒滝白きゅうりは、奈良県吉野郡黒滝村で栽培されており、江戸時代から現在まで種子が受け継がれてきました。その名の通り果実が白色で、一般的なキュウリと比べると少し短いことが外見の特徴となります。皮が薄く、コリコリした食感が特徴です。

4月上旬に種を蒔くと6月下旬から8月下旬にかけて収穫期となり、収穫された黒滝白きゅうりは主に漬物に加工されて自家消費されてきました。またこの地域の欠かすことのできない郷土食として約1カ月間塩漬けにしたものを糠に漬け込む「ひね漬け」と呼ばれる漬物があります。漬け込んだキュウリを水に浸して塩を抜き、保存食として食されてきました。

塩に漬け込み水分が少なくなることでポリポリとした食感が増し、同じくこの村の郷土食である茶粥との相性も抜群で「ひね漬け」は商品化もされて販売されています。

黒滝村では黒滝白きゅうりの品質および系統を維持するために平成23年度から村内の専用圃場で優良系統の選抜を行っています。平成26年度からは選抜された種子を普及させるため苗の無償配布を開始して生産振興およびPR活動を行っています。

長い間、黒滝村に御縁のある方にのみ知られている野菜でしたが、平成26年度に「大和野菜」に認定されることによって奈良県内の人々にも広く知られるようになりました。

◇黒滝白きゅうり

18　野川《のかわ》きゅうり

「野川きゅうり」の産地は、野迫川村の野川地区。野迫川村は奈良県の西南端に位置しており、村内を世界遺産「紀伊山地の霊場と参詣道」の一つ「熊野参詣道　小辺路」が通っています。1000メートルを超える紀伊山地西部の山々に囲まれた地形では、雄大な雲海に、樹氷、白樺の林を目にすることができ、その自然美は、奈良県内でも異彩を放っています。その一角である野川地区は、高野山と大峯山を結ぶ信仰の道である「すずかけの道」が通い、幕末の文久元年（1860）に始まった高野豆腐づくりの発祥の地としても知られている歴史があります。

「野川きゅうり」の外見は、少しずんぐりとした形状で半分緑と半分白色の色彩に黒いイボという特徴をもっています。このきゅうりはとても瑞々しく、かつては、丸ごとに軽く塩を含ませて、山仕事に出かける時の水分と塩分を補給する水筒の代わりに、またある時には子供のおやつに、そして、お漬けものにと様々な方法で食されてきました。

もともと野迫川村は主たる産業が林業であったため、その畑では、個々の嗜好性を重視した自給用の作物が栽培されており、「野川きゅうり」以外にも「野川芋」、「野川マナ」と呼ばれる漬け菜の在来種など、この地域特有の野菜が多く存在しています。

◇野川きゅうり

◇中田敬子さん
野川きゅうりの種を採り、栽培してこられた野迫川村野川地区にお住いの中田敬子さん。

19 白瓜

シロウリは中国の南部で誕生したといわれています。わが国には古代に渡来したとされており『本草和名』には越瓜《こしうり》、『和名抄』には白瓜、之路宇利《しろうり》の記述があり、また江戸中期の方言辞書である『物類称呼』には「越瓜、京にてあおうり、大阪にてなうり、相模にてはかたうり」と記されており、現在でもこれらの名称は受け継がれ、福井、岐阜、愛知県では「あおうり」、宮崎県では「なうり」と呼ばれる呼び名が残っています。

現在では果実が白っぽい色をしていることから「シロウリ」、また熟しても軟化しにくいことから硬い瓜の意で「カタウリ」と呼ばれ、東北地方では現在でもカタウリと呼ぶ地域が多く、全国各地で様々な名称で大切に受け継がれてきた地方品種が存在しています。

シロウリはメロンの仲間から誕生した変種とされていますが、果実が成熟しても糖を形成せず、したがって熟しても甘くならないという特徴があります。甘味はありませんが肉厚で緻密な食感をもっていることから漬物加工への適性が大変高い品種として重宝されることで、先に述べたように全国各地に栽培が広がっていきました。

奈良県内でも奈良を代表する食文化の奈良漬の材料として欠かせない存在になっています。

戦前までは県内でも各家庭で漬物を造っていましたので、漬物用の野菜として各地で栽培が行われていましたが、戦後は漬物をする家庭が少なくなることで栽培も減少していますが、現在でも「奈良漬け」と「漬物」の加工業者の需要に応えて徳島と千葉、愛知が主たる生産地となり栽培が行われています。

◇白瓜

20　しま瓜《うり》

国内にはたくさんの瓜の品種が存在していますが、瓜の研究を紐解いていきますと越瓜は白瓜の一種とされています。越瓜の系統と考えられている「しま瓜」はマクワウリと並んで、古くから大和盆地で継承されてきた瓜の一種と考えられています。瓜には大きく分けると、マクワウリやメロンのように果実の成長に伴って糖を生み出して甘くなり果物として食されるものと、糖を発現することがなく食感や風味を活かしてお漬物などに利用される品種があります。シマウリは甘みのない品種で、古くから栽培の行われてきた天理市の櫟本での聞き取り調査によると100年以上も前から、主に農家の自給用野菜として栽培されてきたとされています。

自家消費用に栽培されてきたしま瓜ですが、非常に多収な作物の為、余剰の成果物を夏の一時期に地元のスーパーや直売所で見かけることもあり、奈良盆地では毎年、夏限定で流通している馴染みのある野菜と思っている方も多いと思います。

外見は、その名のとおり薄い緑の果実に、鮮やかな濃い緑の縦縞模様が特徴となります。全国各地には縞模様のある在来種の瓜が存在しています。例を挙げると、福井県の伝統野菜の「蛙瓜《かわずうり》」は縞模様が少し異なりますが「しま瓜」とよく似た姿をしています。春に種を蒔いたしま瓜の苗が収穫を迎えるのは夏となり、収穫されたしま瓜は、お味噌汁の具材として、また時には煮物、そして主にぬか漬けなどのお漬物として加工されることによって利用されてきました。緻密な肉質と独特の風味は漬物に加工されることで引き立ち、漬物への加工特性の高い品種として奈良盆地で受け継がれてきました。

◇しま瓜

21 花《はな》みょうが

「みょうが」はアジア東部温帯地方が原産地とされており、日本では本州から沖縄にかけて野生のものが自生しています。三世紀に著された『魏志倭人伝《ぎしわじんでん》』の中には既に栽培の記述があることからも、古くから食用とされてきたことがうかがえます。また平安時代の『延喜式』の中でも栽培方法についての記述と塩や汁糟で漬物に加工していた記録があることから、当時から「みょうが」が重要な野菜の一つであったと推測することができます。奈良県内では7月から収穫される早生の「夏みょうが」と8月のお盆頃から収穫の始まる「秋みょうが」が存在しています。平成17年に認定を受けた大和野菜として名称が「花みょうが」と呼ばれているのは、その内部に開花前の蕾を持っている為です。つまり私達が通常に食している「みょうが」とはこの植物の開花前の花穂の部分となるのです。そして「みょうが」は花だけでなく「タコナ」、「ミョウガタケ」と呼ばれる若芽も食材として利用されます。花みょうが独特の香りの成分は針葉樹などにも含まれているαピネンと呼ばれる成分で、リラックス効果、発汗促進作用、そして血液循環を調整する働きがあるとされています。

半日蔭の土地を好み、傾斜地でも栽培できることから、五條市や吉野郡などの山間地では、古くから「花みょうが」栽培の振興が取り組まれてきました。現在はビニールハウスや水耕栽培により通年で手に入れることができる野菜となっていますが、本来の旬である露地物の収穫期は晩夏から初秋にかけての約一カ月間。収穫された花みょうが独特の香りは秋を告げる風味として素麺やうどんの薬味、和食の香辛菜として利用されています。

◇花みょうが
味噌汁の具材、天ぷら、たまごとじ、酢味噌和えに、お漬物、そしてみょうがごはんなどに調理して食されるなど、その存在は地味ではありますが、和食に欠かすことのできない存在として大切に栽培されてきました。

22　五ケ谷《ごかだに》しょうが

ショウガの原産地は諸説ありますが、ベンガル湾を中心としたインドから東南アジアにかけての熱帯アジアといわれており、日本への伝来は3世紀以前に中国の呉《ご》の国から伝わったとされています。日本での記録には天平宝字二年（758）の正倉院文書の中に「生薑」の記載があります。

国内で最も多く栽培されているのが大ショウガです。その名の通り大型故に収量も多く、香りと辛味が少ない品種。中ショウガは晩生で大生姜に比べると小ぶりな品種です。

そして奈良で昔から栽培されてきたのが「小ショウガ」です。県内では平群町や奈良市精華地区（旧五ヶ谷村）などで古くから栽培されており、精華地区で栽培される小ショウガは「五ヶ谷ショウガ」と呼ばれてきました。

俳人の高浜虚子が詠んだ句に「生姜湯に顔しかめけり風邪の神」とありますが、昔から日本人はショウガのもつ効用を理解し、飴湯の中にショウガを加えた「生姜湯《しょうがゆ》」を風邪薬にするなどして利用してきました。近年になって科学的にもショウガ特有の辛味成分であるジンゲロンとショウガオールという成分には、食欲増進、健胃作用、そして殺菌作用があることが認められています。

地味ながらワサビやミョウガと共に日本の食文化に欠かすことのできないショウガはお馴染みの生寿司に添えて食する「がり」に「冷やっこ」、そして「ソーメン」の薬味など日本料理としても、また中華料理、そして欧米ではジンジャーエールやクッキー等のお菓子に、飲料に、香辛料にと幅広く利用されている食材です。

◇五ケ谷ショウガと稲野ミノリさん

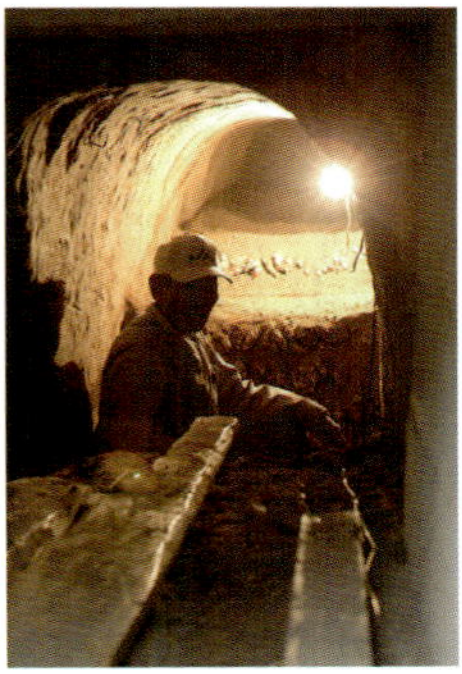

◇種しょうがを保存するための横穴
弘さんが自ら作ったという翌年の種となるしょうがを保存するための貯蔵のための穴。寒さに弱い大切な種ショウガを保存する昔ながらの知恵の一つです。

「奈良のタカラモノに会える店」

コラム　Zazie canelé

奈良県生駒市のカヌレ専門店「Zazie canelé《ザジカヌレ》」は、県内各地の食材を活かしてつくられた「奈良カヌレ」のお店です。

地元の有精卵を使用したプレーンタイプのカヌレからはじまり、奈良県が唯一育種したお茶品種の「やまとみどり」、苺の「古都華」、「倉本酒造の酒粕」、天理市山崎商店の県内産大豆から生まれた「きな粉」、「東吉野村の柚子」、「西吉野平井農園さんの柿」、「曽爾村の米粉」、そして大和野菜の「宇陀金ごぼう」に、清澄の里の「実山椒」、「五ヶ谷ショウガ」、「ヨモギ」、「食用ホウズキ」等々、巡る季節にそって奈良の物語溢れる食材がカヌレとなって登場し、その様は「ほうせき」のようです。

「ほうせき」の言葉からは、煌びやかで美しい宝石を連想してしまいますが、奈良で伝わる方言では、「おやつ」の意を表します。何とも美しい言葉ですが、昭和30年代までは、現在のようにスイーツが溢れている時代ではなかったので季節ごとに巡る庭先の柿や棗《なつめ》、そしてイチジクやアケビといった果物に、保存食の干し柿や干し芋も、大人にとっても子どもにとっても、とっても楽しみにしていた「ほうせき」だったのです。

店主の新子大輔さん・由紀子さん夫妻は、そんな主役にする素材ごとに生地のつくり方を変えているというだけあって、食感も異なり、同じ店のカヌレとは思えないくらいそれぞれ個性的が楽しめます。

通常店頭に並ぶのは、バニラの香るプレーンのザジカヌレと月替わりの奈良カヌレ2種ですが、週末にはザジカヌレを含む8種を吉野杉の箱に詰めた数量限定の「おかげさん」

◇新子大輔さん由紀子さんご夫妻
西岡 潔 撮影

zazie canele
ホームページ

が登場。見た目もかわいくて、奈良の魅力がぎゅっと詰まった「ほうせき」の数々は、手土産にもお薦めの商品です。

zazie canele
fakebook

zazie canele
Instagram

◇東吉野村の柚子

◇食用ほおずき

◇おかげさん
8種類のカヌレを吉野杉の箱に詰めた数量限定の「おかげさん」。

23 筒井蓮根

『正倉院文書』には「蓮根」の記録があり、奈良時代には既に蓮の栽培が行われていたことがうかがえます。レンコン（蓮根）は、ハスの地下茎を食用にしたもので、主にアジアで広く利用されています。原産地については諸説ありますが、一般的には中国やインドが有力とされています。

日本には奈良時代に中国から渡来したとされており、当初は蓮の花を観賞する為に栽培されていましたが、鎌倉時代以降に本格的に野菜として普及していきました。

大和郡山市筒井地区にある筒井城跡の堀やその周辺は、土質が柔らかく豊富な地下水がある湿地という特徴を利用して盛んに良質のレンコンが栽培されてきた歴史があります。この地区で栽培されてきた在来種のレンコンは、節の長い形状が特徴と歯ごたえの良い独シャリシャリとした食感が特徴で、その地域名を冠して「筒井れんこん」と名付けられ、2011年（平成23年）に大和野菜に認定されました。

「筒井れんこん生産者の会・フレッシュつつい」の農家で栽培された筒井れんこんはJA筒井出張所の朝市や近隣の直売所で販売されており、その品質は高い評価を得ています。

◇筒井れんこん

２４　大和《やまと》芋

ヤマノイモの仲間は里芋と共に日本では古くから栽培されてきた野菜の一つで、原産地は中国南西部の高地にある雲南地方といわれています。

現在、日本で食用にされているヤマノイモの仲間をいくつか紹介しますと、ジネンジョは野山に自生しており細長い形状と生イモをすりおろした時の強い粘りが特徴です。また広く流通している「長芋」の他に、三重県多気町の特産で知られている強い粘りと白い皮が特徴の「伊勢芋」。少し珍しいものとしては関東地方で栽培されている三味線のばちのような形状の「銀杏芋《イチョウイモ》」、そして先端が徳利の形のように寸詰まりになる「トックリイモ」などが挙げられます。

そして奈良県を代表するヤマノイモの品種が「大和いも」です。県内では葛城山麓地域が産地の中心となり、この地域に位置する御所市では江戸時代から栽培が行われてきた歴史があり古くから大和芋の産地として知られています。山薬《さんやく》との別名があるように胃腸の働きを整えるなどの薬効もそなえていると伝わっており、本場である御所の農家では皮をむいてすりおろし、卵と味噌汁を加えてさらに擦り混ぜて作る「とろろ汁」、またすりおろしたとろろをみそ汁やすまし汁に加える「おとし汁」として調理されてきました。

既に奈良県のブランド野菜としての地位を確立していましたが、平成17年に大和野菜の認定を受けることで、名実共に奈良を代表する伝統野菜となりました。

ヤマノイモ属は世界で約６００種類が存在していますが、その中で食用とされているものは約５０種類といわれています。そのうち日本で利用されている代表的なものとしては日本書紀（７２０年）の武烈天皇の巻で、「暑蕷を掘らしむ」との記述があり、諸説ありますが、この「暑蕷」と記述されている野菜が自然薯《ジネンジョ》ではないかといわれています。またヤマノイモの仲間は食用であると同時に薬用や滋養強壮剤としても扱われ平安時代には貴族がイモ粥を食していたことが伝わっています

25 仏掌芋《ぶっしょういも》

非常に多くの品種が存在しているヤマノイモですが、一般に市場に出回っているものは円筒形の「ナガイモ」に、「大和イモ」のような球形のものがそのほとんどを占めており、スーパーなどの量販店で普段目にすることのできる種類は限られています。

「仏掌芋」も市場ではなかなか見かけることのできないヤマイモの一つで、理由は農家が自給用の野菜として栽培してきた品種だからです。「仏掌芋」は栽培が大和芋よりも容易で「ナガイモ」より粘りがあることが特徴故に「美味しくて作りやすい」品種として受け継がれてきました。野球のグローブのようなその形状は、先端が指のように分かれて広がっており、仏さまの掌を思わせることからその名がついたとされています。

収穫された芋は、摩り下ろした「トロロ」をご飯にかけて、また千切りにしての「酢の物」に、また「お焼き」や「お好み焼き」の生地に加えて等々と、様々に調理し利用されています。

ビタミンCやアミラーゼを含んでいるヤマノイモの仲間は、平安時代には「イモ粥」として貴族の間で食されるなど、食用としてだけでなく消化を助ける作用や滋養強壮の効果があると信じられ古くから利用されてきました。

仏掌芋はムカゴを実らせる品種で、ムカゴは塩ゆでや「ムカゴご飯」の食材として利用されると共に、種芋としても利用できます。

◇仏掌芋

◇ムカゴ

26　蒟蒻《こんにゃく》

蒟蒻は地中に球茎を形成し、この部分が蒟蒻芋となり、この芋が蒟蒻玉と呼ばれています。私たちが蒟蒻といえば、思い浮かべる店頭に並べられた板状や糸状の蒟蒻は、蒟蒻玉を湯がき、すりつぶし、灰汁等の凝固剤で固めてつくられたもの。欧米では「悪魔の舌」と呼ばれ、食用にされることのなかった蒟蒻ですが、日本で一般的な加工が普及して食されるようになったのは平安時代と言われています。室町時代になると路上での販売が行われ、精進料理にも取り入れられるようになりました。江戸時代になると料理の書物に取り扱われるなど、ますますの普及を迎え今日まで至っています。

奈良県では、下市町、吉野町、五條市、東吉野村、黒滝村等々で「奈良の在来種」が植えっぱなしで育てられ、大きくなった芋だけ掘り上げて収穫する自然薯栽培と呼ばれる栽培法で作り継がれています。祭りや晴れの日の食卓を飾る食材として、古くから大切に栽培され続けてきた蒟蒻ですが、乾燥に弱く、日陰で育つ為、栽培に適した土地は奥大和地域の中山間地や山間地が中心となっています。

平安後期から室町時代にかけて、奈良や京都でおなじ商品を取扱う業者や芸能者がより集まって「座」という組合のようなものがつくられており、奈良でも興福寺に属する「座」は多いときは八十以上にものぼり、その中に「蒟蒻の座」があったのです。おそらく現存するこんにゃく関係の最も古い文献とされる『こんにゃく』には「興福寺の応永十四年（1407）『市座役注文』ひかえに読みとれる「コンニャクノザ」は」との記述があり、仏教と共に導入されていたとすれば、奈良が「蒟蒻の伝来地」であったのかもしれません。

◇蒟蒻芋

◇蒟蒻畑

27　烏播《うーはん》

熱帯アジアが原産の里芋は人類最古の栽培植物の一つとされており、現在でもポリネシアなどの南太平洋の島々では主食となっています。日本へは、中国大陸と、沖縄からの二つのルートで伝来したといわれており、沖縄の「タイモ」、京都の「海老芋」など、それぞれの気候風土に育まれてきた多くの種類が存在しています。農家の庭先で大きな葉を揺らしている存在は、今も夏から秋にかけての風物詩となっています。

「烏播」は、元々は台湾の品種で奈良県の奨励品種として山間地を中心に広く作付けされていた歴史をもっています。奈良県農業試験場100周年記念誌として刊行された『大和の農業技術発達史』には、当時の試験場職員であった鈴木栄次郎氏によって、1940年に台湾より導入された「烏播」は耐干性に優れていることから宇陀、吉野の山間畑作地帯で広く作付けされたとの記述があります。

小芋の形状は卵のような楕円形で、茎の色が黒いのが特徴で、親芋、子芋共に食用となりますが、特に子芋には里芋特有の粘り成分である「ガラクタン」が多く含まれており、「長芋」を思わせるような強い粘りは里芋の中では最高級といえます。

奈良市高樋町で父の代から種芋を受け継ぎ60年以上、「烏播」の栽培を続けてこられた鳥山悦男さんは、作り続けてきた理由を「手間ひまかかるけど、家族が好きだから」、「そしておいしくて作りやすいから」と明快に語っておられます。大和の伝統野菜が「自らが育てて、自らで食する野菜」、「家族の喜ぶ顔を思い浮かべて育てる家族野菜」とも形容される所以です。

◇烏播

◇鳥山悦男さん
「美味しいから」という明快な理由で、父の代から「烏播」の種芋を受け継ぎ、奈良市高樋町で栽培を続けてこられた鳥山さんは、地域の文化と野菜づくりを教えてくださった農業の師匠でもあります。

２８　八《や》つ頭《がしら》

　里芋は和風のお総菜に使われる地味な印象がありますが、かつては稲と並ぶ重要な作物として全国各地で大切に栽培されてきました。奈良では、春日大社の「おんん祭り」に振る舞われる「のっぺ（汁）」に欠かせないことからも、ハレの日の食材として欠かせぬ存在であったことがうかがわれます。

　仲秋の名月のことを「芋名月」という地方があります。月見に欠かせない団子は小芋を模ったもので、仲秋の季節は里芋の収穫期に差し掛かり、小芋をお供えして皆で食していた風習の名残とも言えます。たくさんの小芋ができることから子孫繁栄の象徴として全国各地で大切に育ててこられた多くの里芋ですが、中でも非常に個性的な形状をもつ品種が「八つ頭」です。

　一般的に里芋の親芋は、球形をしていますが、「八つ頭」の親芋は複数のコブが合体したような何ともユニークな形状をしています。ちなみに「八《やっ》」とは「多い」を表す古語でもあり、「八つ頭」は「多くに分かれた頭芋」の意になります。食材としての特徴は、デンプンの含有量が多く、まるで栗を思わせるようなホクホクとした食感と豊かな風味が特徴。県内各地で栽培され、郷土食としては煮物や雑煮などにされてきましたが、興味を惹くのは、山添村でお正月のお節料理として欠かせない「八つ頭」の雑煮。皮を向いた頭芋をそのまま利用した雑煮は宮中に伝わる「唐の芋」を丸ごと利用した料理との類異性がみられ、また「八つ頭」は「唐の芋」の突然変異種とされていることからも、山添村の郷土食について更に探求してみたいと思っています。

◇八つ頭

◇下浦敏明さん、貴美子さんご夫妻
山添村豊原地区で、代々「八つ頭」の栽培を続けてこられた下浦敏明さん、貴美子さんご夫妻。「八つ頭」はこの地域でお正月の雑煮に欠かせない食材の一つです。

29

味間芋

県内各地で様々な品種が作付されている里芋ですが、物語溢れるエピソードをもつ里芋があります。田原本町味間地区で「味間芋」を受け継いでこられた木村勤さんとご兄弟に、その物語を紐解いていただきました。元々、木村家で代々伝わる風味の良い里芋を「真芋《まいも》」と呼んで大切に栽培されていました。戦後、奈良県が木村家の田畑を農事指導農場に指定し、新品種・優良品種の作付けを奨励するために様々な作物の試験栽培や新しい農業機械の性能試験や導入可能性の検討を行う実証圃《じっしょうはた》として活用されていました。木村さんご兄弟の父・重章《しげあき》氏は篤農家として知られる人物で、この指導農場で様々な里芋の品種比較試験を行って「真芋」が優れていることを確認されました。しかし、当時の奈良県では小面積で高収益が得られる園芸作物（野菜、花卉、果樹）を重視していましたので、この芋は評価されることなく放置されていました。

ところが、平成17年に奈良県が県内産野菜のブランド化に取り組む際、木村家で代々伝わり勤さんが父より受け継ぎ栽培されていた「真芋」は「風味の良い里芋」として近郷近在で評判となっており、奈良県よりブランド野菜として大和野菜に認定させてほしいという相談がありました。当時の奈良県農林部（現食農部）では、木村家の芋を表す意味で、この芋を「木村芋《きむらいも》」と呼んでいましたが、自身の家名よりも地区名を冠した方が相応しいという木村家よりの申し出により「味間芋」を正

木村勤さん

式名称として平成26（２０１４）年に「大和野菜」に認定されることに至りました。

ところで、この「味間芋」はパナソニック株式会社（旧松下電器産業）の創業者であり、経営の神様と称される松下幸之助氏が非常に気に入って食されていたというエピソードが都市伝説のようにささやかれていますが、この真相についても伺ってみました。同じ味間地区出身で、木村さんご兄弟の父・重章氏の小学校時代の同級生に吉川氏という人物が松下電機の重役を務めておられ、地元でも評判の重章氏が育てた芋を、同地区の「味藤《あじとう》」という屋号の八百屋を通してお歳暮に贈られたところ、松下氏は「これを食べると他の里芋は食べられない。手に入れたいが何処にも売っていない。」と大変好評を得たことで、その後も毎年のお歳暮として贈り続けられたとのことでした。三輪山を東に眺める味間地区の恵まれた田畑と篤農家の重章氏の栽培技術も大きな隠し味となっていたのかもしれません。

松下氏が絶賛された「味間芋」の特徴は、親芋、小芋共に食用となり、特に小芋は適度な粘りと豊かな風味があります。煮物、田楽、そしてお節の雑煮といった定番の里芋料理でも楽しんでいただきたい奈良が誇る伝統野菜の一つです。

◇味間芋

30　唐《とう》の芋《いも》

里芋は、インドからインドシナ半島にかけての地域が原産地とされおり、米の文化よりも古くに日本に伝わったのではないかと言われています。

「唐の芋」は、その名からも推測される通り大陸から伝わった品種であるとされ、県内各地で古くから大切に作り継がれてきた品種です。遣唐使を通じて唐との深いつながりの歴史を偲ばせる名称は、奈良ならではの物語を秘めています。

親芋は「頭芋《かしらいも》」と呼ばれ、デンプンが多く含まれ栗のようにホクホクとした食感と豊な風味が特徴で、雑煮などに利用されてきました。

また奈良市大柳生地域では「唐の芋」の「芋茎《ずいき》」を利用した個性的な郷土食も存在しています。芋茎が旬を迎える夏に同じ夏野菜のキュウリやナスとアクを抜いた芋茎と和える一品は各家庭のレシピがあり、地域で受け継がれてきた絶品の郷土食として、この季節の楽しみとなっています。

そして、「唐の芋」の葉茎の成長に合わせて、遮光資材で日光を遮って栽培することで大和野菜にも認定されています「軟白ずいき」が出来上がります。

◇唐の芋

◇軟白ずいきの栽培

31　軟白《なんぱく》ずいき

『正倉院文書』に記載されていることから、天平時代には既に芋茎が利用されていたことがうかがえます。「唐の芋」や「八つ頭」のアクの少ない芋茎を「ズイキ」と呼んで古くから食用として利用してきました。芋茎は乾燥することによって保存食にもなり、「古い血をおろす」といわれお産の後に食されてもきました。この「軟白ずいき」は「唐の芋」の芋茎を遮光資材で覆い軟化栽培したものです。

美しい白さに、軟らかい食感、そして上品な味わいから、かつては京都や大阪の高級料亭で重宝されてきた「軟白ずいき」ですが、その主な産地として奈良市狭川地区が挙げられます。その歴史を紐解くと昭和初期から栽培が始まったとされており、最盛期は各家で年間に２０００本以上栽培されるほどで、50㎝に切った白い芋茎３本を1箱に入れて、主に京都の青果市場に出荷されていました。市場では「白ダツ」と呼ばれ、季節ものの高級食材として主に料亭で利用されてきました。しかし芋茎の成長に合わせて遮光資材を管理する栽培には非常に手間がかかること等、独特の栽培技術が必要でもあり、徐々に生産量は減少し、平成17年に大和野菜の認定を受けるも奈良県民にとって、なかなか見かけることのない野菜となっていました。次第に「軟白ずいき」は狭川地区でも自給用に栽培されるのみといった状況となっていましたが、２０１８年に同地区の木本芳樹さんが浦本幹男さん、姉子さんご夫妻より栽培技術を継承し本格的な栽培を復活させることに成功しました。現在では奈良県内の和食を中心としたレストランで夏の旬の食材として活用されるようになっています。

◇浦本さんご夫妻
木本さんに栽培方法を伝授した、浦本幹男さん・姉子さんご夫妻。

◇木本芳樹さん
「軟白ずいき」畑の中で木本芳樹さん。会社員として定年まで勤め上げ、退職を機に生まれ育った奈良市狭川地区の軟白ずいき復活に取り組くまれている。

32 結崎ネブカ

絶滅してしまった幻の野菜とされていた結崎ネブカ。町と商工会、そして農協と農家が協働して取り組んだ結崎ネブカ復活の物語を紐解いていきたいと思います。

川西町は大和盆地のほぼ中央に位置し、ゆるやかに6つの川が町内を流れ、それが一か所に集結し大和川に注ぎ込む水辺の郷。かつてこの地は奈良と大阪を結ぶ舟運の集散地としておおいに賑わいをみせていました。その川の一つである寺川のほとりに「観世発祥之地」、そして「面塚」と刻まれた二つの石碑があります。前者は川西町が世阿弥による観世能の発祥地であることを示すもので、ここには一つの伝説が口伝として伝わっていました。それは「室町時代のある日のこと、天から怪音とともに寺川のほとりに一個の翁面と一束の葱が降ってきた。村人は能面をその場にねんごろに葬り、葱をその地に植えたところ、みごとに生育して結崎ネブカとして名物になった」という内容でした。面塚は能面と葱が天から降ってきたとされる場所。そして「結崎ネブカ」復活の物語はこの伝説から始まります。

その発端となったのは川西町商工会が、平成14年から3年間取り組んだまちおこし事業でした。この取り組みは川西町のもつ魅力ある資源を掘り起こし、町のイメージアップや活気づくりを行っていこうというもの。地域に眠る宝探しを進めてゆく中、先に挙げた伝説の「結崎ネブカ」が注目されることとなったのです。しかし、肝心の現物が現在も存在しているのかという問題が浮上しました。「ネブカ」とは江戸中期の方言辞典である『物類称呼』（1775年）によると、葱を表す関西の古称とされ

◇面塚
能面と葱の束が天から降ってきたといわれる場所。川西町を流れる寺川のほとりに建っている。

ています。「結崎ネブカ」は京野菜の「九条ネギ」に代表される葉ネギの一種で、かつては大和平野で広く栽培された歴史をもち、特に結崎村（現川西町）で多く栽培されていたことから、「結崎」の名が冠せられていました。非常に柔らかな食感と甘みが強い品種であったとされ、戦前までは確かに栽培されていたようですが、その柔らかさゆえの折れやすい特徴は市場流通では見栄えが悪く、しだいに栽培は衰退していきました。絶滅したかに思われていましたが、たまたまこのプロジェクトの実行委員に名を連ねていた宇野正増さんが、自家消費用として「結崎ネブカ」を栽培し、先祖代々種を受け継いでいたことが判明。「栽培の手間はかかるけど、美味しいので家族で食べるためにつくり続けていた」と語る宇野さん。受け継がれてきた一握りの種は、やがて大きな物語へと発展していきます。

宇野さんが守ってきた地域の宝を種火に、実行委員会は「結崎ネブカ復活物語」運動を立ち上げました。「結崎ネブカ復活物語」のプレスリリースを行ったところ、時はまさにスローフードブーム。マスコミに紹介されると予想以上の反響を呼ぶこととなりました。２軒の農家で始まった結崎ネブカの栽培は、ＪＡならけん川西支店を中心に「結崎ネブカ生産部会」が立ち上がり、生産量と生産者も増えていきました。

平成15年度には「奈良県まほろば地域づくりコンテスト奨励賞」を、翌年度には「毎日・地方自治大賞奨励賞」を受賞。平成17年には奈良県のブランド野菜の証である「大和野菜」の認定も得ました。同時に「地産地消」という地域の食材を見直す機運のなかで、地元の学校給食や食育などにも取り扱われることにより、川西町の人々に地域を見つめるまなざしも提供しています。

◇結崎ネブカ

◇宇野正増さん
「柔らかくて折れやすいから栽培に手間はかかるけど、美味しいからつくり続けてきた」と語る生産農家の宇野正増さん。受け継いできた一握りの種から物語は広がりました。

33 大和の大豆

大豆が日本に渡来した時期は縄文時代～弥生時代の初期とされており『日本書紀』の神代上に「保食神の腹の中に稲生れり、陰に麦及び麻米《まめ》が小豆生れり」と五穀起源についての言い伝えが記されています。『正倉院文書』にも天平宝字五（761）年、「十文買生大豆一囲直」とあり、早くから大切な作物の一つにされていることがうかがえます。

江戸時代の農書をみると、『大和本草』には「五穀の内稲につぎて大豆最も民用の利多し」とあり、『農業全書』では「大豆として黄、白、黒、青の四色あり、大小あり、形は丸きと平、早生と晩生」などの記述があり品種の多いことと栽培方法についても詳しい記述があり、時代を経ても益々、大切な作物として受け継がれ、栽培されてきたことが分かります。

緯度が2度異なるごとに品種が変わるといわれるほど多くの品種がそれぞれの地域に存在している大豆ですが、大和の地にも土地の食文化とともに受け継がれてきた品種が多数存在しています。

まずは小粒ながらも、きな粉にすると非常に香ばしい風味が生まれる「緑大豆」。この大豆はお米の刈り入れが終わった頃に農家の楽しみとしてつくられてきた「いのこ餅」と呼ばれるお餅のあんこにも使用されます。今でも山添村ではこの緑大豆で大豆餡を造りお餅と一緒に食する食文化が受け継がれています。

そして五條市で「味噌に入れると味が良くなる」と言い伝えられてきたのが「茶豆」です。丹波の黒大豆と同じぐらい大粒の品種で枝豆で食べても美味しい品種です。

◇緑大豆

◇茶豆

また馬の鞍の模様にちなんで「くらかけ豆」と呼ばれる大豆は平たい豆の形に馬の鞍のような模様が目をひく個性的な模様のある大豆ですが、枝豆や煮豆として利用されてきました。

そして大鉄砲（別名…いっぴき豆）と呼ばれる大豆はその名の通り大粒の品種で、煮豆、枝豆、そして味噌に豆腐と万能な加工特性をもっている品種です。

平成25年12月には「和食〜日本人の伝統的な食文化」がユネスコ無形文化遺産に登録されました。南北に長く、四季が明確な日本には多様で豊かな自然があり、そこで生まれた食文化もまた、これに寄り添うように育まれてきました。このような「自然を尊ぶ」という日本人の気質に基づいた「食」に関する「習わし」が、「和食〜日本人の伝統的な食文化」の名称で、ユネスコ無形文化遺産に登録されることになったのです。

そして、その中で大豆が果たしている役割は非常に大きいと考えられます。大豆製品には我が国で最も重要な調味料ともいえる味噌や醤油にはじまり、煮豆、豆腐、納豆、湯葉といった日本特有の食文化は和食の要にもなっています。「もし大豆がなくなってしまったら」と想像してみると、その存在がいかに大切なものかを理解できることと思います。

全国各地で受け継がれてきた伝統的な大豆は、調味料や食材として私達の食卓を豊かにすると同時にそれぞれの土地の知恵と食文化の詰まった「タカラモノ」でもあるのです。

◇くらかけ豆

◇大鉄砲

34 歌姫大根

奈良を代表する伝統的な大根の一つに「大和白上がり大根」こと通称「歌姫大根《うたひめだいこん》」が挙げられます。「歌姫」とは何とも素敵なネーミングですが、その由来は古くから奈良市歌姫町が大きな産地であり、その地名が冠されたことが由来です。歌姫町は奈良市の中心部からほど近く、その地の利を活かして大根栽培が盛んに行われてきた歴史があります。

『大和国町村誌集』には、明治14～15（1881～82）年の記録として、「添下郡平城村山陵　大根二十八駄　歌姫　大根百五十駄」との記述があり、古くから両地区で25トンを超えるダイコンが生産されていたことがうかがえます。

全国の大根品種をまとめた名著『ダイコンをそだてる』には「大和白上がり大根」の写真が掲載されており、根の先端が丸みを帯びたその独特の形状を確認することができます。また「奈良の生き字引」と称され博識で知られる増尾正子さんの著書『奈良の昔話～道が紡いだ人々の暮らし』の中でも「添御県坐神社を過ぎると、道は下り坂になり、右手にはこんもりとした竹藪が続き、左手には美しく手入れされた、のどかな田園風景が展開される。20～30年位前までは、「歌姫大根」といえば美味しい大根の代名詞のように思われていて、ことに漬物大根が有名で、私の家でも、毎年歌姫の方に頼んで持って来て頂いていたが、この頃、宅地が増えて町が発展しておられるのは結構な事だが、良い漬物大根が手に入りにくくなったのは残念だ。」と歌姫町の風情と歌姫大根のエピソードが紹介されています。この記述から歌姫大根の消えゆく様

◇歌姫大根

◇佐野太郎氏と歌姫大根
大和野菜研究センターの佐野太郎氏と歌姫大根。80年の時を経て、奈良に里帰りした数粒の種子が歌姫大根復活の種火となった。

子を読み取ることができますが、これはどういった理由があったのでしょうか?!

それは奈良市内の大きな大根産地であった歌姫町に「青首大根」が導入されたことによるものでした。「青首大根」は収量も多く、栽培もしやすかったため、一気に全国各地に普及した歴史があります。このタイミングは増尾さんの著書の記述と時系列的にぴったり一致します。100年にも亘って奈良の人々に親しまれ大切に受け継がれてきた「歌姫大根」は、大根農家の主要な生計を支える作物であったが故に、一気にその座を「青首大根」に明け渡したのでした。

すっかり絶滅してしまったと思われた歌姫大根でしたが、2019年に、1930年頃に当時の農家が自家採種していた「大和白上り大根」の種子が、発芽可能な状態で国の農業生物資源ジーンバンクに保存されていることが判明します。大和野菜研究センターがその貴重な種を譲り受けました。80年の時を経て奈良に里帰りした数粒の貴重な種子は、同センターの佐野太郎氏と峯圭司氏により、無事に種をつなぎ増殖することに成功しました。

2022年秋に大和野菜研究センターより配布された種を私達の畑に蒔いたところ、冬には『ダイコンをそだてる』に掲載されていた写真通りの「歌姫大根」を収穫することに成功しました。漬物に加工すると歯ごたえも良く、しっかりとした風味も有しています。また、大根おろしや煮物にも適するという汎用性のある品種でもあるために、品種の物語と個性を味わいながら復活を遂げた奈良の名産を楽しむことができるでしょう。ガストロノミーの時代を迎えた今、その物語を隠し味に「奈良のタカラモノ」として再び多くの方々に親しんでいただく日がくることを願っています。

◇野口吉光さん
昭和8年生まれの野口吉光さんは歌姫町で祖父の代から伝わっていた歌姫大根をはじめとする野菜の栽培に60年取り組まれてきました。歌姫大根が一世を風靡していた1960～70年には、地域の農家の方々と共に、その出荷を担う「歌姫組合」を結成し、代表も務められて、最盛期には一日に4トントラック5回分の歌姫大根が、同地域から出荷されていたことを語ってくださいました。

「ダイコンをそだてる」

「奈良のタカラモノに会える店」

コラム　中國菜奈良町「枸杞《くこ》」

猿沢池から程よく南へ足を進めると、十輪院、艸小路、紀寺と続く地域には、一棟貸しの宿「紀寺の家」、奈良で活躍されている作家さんの作品を扱われたギャラリーの「艸小路」、フレンチの「めしあがれ」、イタリアンの「リンコントロ」、そして和食の「白」と落ち着いて奈良の豊かな食を堪能できる各ジャンルのレストランの名店と名宿が集い、「奥の奈良町」、「大人の奈良町」とささやきたくなる魅力溢れるエリアとなっています。

そこに加わった中国料理の名店が中國菜奈良町「枸杞」です。

店主の宮本和幸さんは奈良県大和郡山市出身。広東料理店で点心師を務めた後、東京・麻布十番の名店「老四川飄香」で四川料理の修業を重ねてきました。本格的中国野菜や、大和伝統野菜を自ら育てるところから始めたいという思いから、故郷の奈良に戻り、2021年に妻の朋子さんと共に中國菜奈良町「枸杞《くこ》」を開店。コロナ渦の最中での開店となりましたが、2022年、2023年と続けてミシュランガイド奈良でグリーンスターと一つ星を獲得されて、瞬く間に奈良を代表する中国料理の名店の一つとなりました。

お店の料理に対しての理念は徹底しています。医食同源を基本に、化学調味料を使わず自家製の発酵調味料や薬膳で複雑な味を生み出していることも同店の特徴ですが、開店前から野菜作りも学び、食材となる中国野菜や大和伝統野菜、そしてトウガラシやハーブ等の香辛料を無農薬にこだわって自家菜園で栽培されています。

「奈良時代には仏教をはじめ多くの文化が大陸から奈良に伝わっている歴史があり、大

◇宮本さんご夫妻

◇宮本さんご夫妻
清澄の里にある自家菜園では、年間を通して100種類の中国野菜と大和伝統野菜を自家採種しながら栽培している。歌姫大根と中国野菜の収穫。

和伝統野菜は中国由来の調味料や食材と相性が良い」と宮本さんご夫妻は語られます。

料理に合った中国茶や大和茶のペアリングに対しての知見も豊かで、奈良と中国料理が融合した唯一無二の料理を五感で堪能していただきたいお店です。

２０２２～２０２４年と続けてミシュランガイドのグリーンスターと一つ星に選出。

２０２４年、世界のベジタブルレストランＢＥＳＴ100を発表しているベルギー発のガイドブック「We're Smart Green Guide 2024」に、中國菜奈良町「枸杞」は「４ラディッシュ」の評価で掲載されました。

ホームページ　Instagram　Facebook

◇料理
「歌姫大根」と自家製干し肉を調理した大根餅の「蘿蔔糕（歌姫大根餡入り蒸し餅）」と「歌姫大根」と「大和橘」の皮を紹興酒漬けにした「大和橘醤蘿蔔」。

◇店舗内観
ひとともりが手掛けられた店舗と土屋作庭所による中庭。

photo by Hiroki Kawata

◇中國菜奈良町「枸杞」
奈良県奈良市紀寺町９１３番地２
＊定休日：日，祝，月＋不定休
＊全10席
（カウンター４席、テーブル６席）
＊完全予約制
予約方法　詳細は、ホームページをご参照下さい。

35 祝《いわ》いだいこん

「すずしろ」として春の七草にも数えられている大根。タクアン漬け、大根おろし、そしておでん等々、米を主食としてきた日本の食文化と密接に結びついて、大根は最も私達の食生活に親しまれてきた野菜の一つと言えます。全国で百種類以上にも及ぶ地方品種があるように各地で多種多様な品種が生まれ、各地に多彩な食文化を花開かせてきました。

旧名の雑煮大根の名の由来についてご紹介しますと、お節をはじめとする節句料理では、「栗きんとん」や「錦玉子」のように色彩から縁起を担ぐもの、「黒豆～まめに働く」や「昆布巻き～よろこぶ」のような語呂合わせで縁起を担ぐもの、そして「海老～長い髭を生やして腰が曲がるまで長寿に」や「ごぼう～細く長く幸せに」のようにその食材の形状から縁起を見出しているものがありますが、奈良のお正月に食する雑煮でも、縁起にあやかり、この約3センチメートル程度の細い大根を丸い具材となるように輪切りにして「一年を円満に過ごせるように」との願いをこめて調理されてきました。祝いだいこんの収穫は必然的にお正月前の12月下旬がピークとなり、奈良県ではお正月の雑煮用として流通していた為に通称「雑煮だいこん」と呼ばれることになりました。

ちなみに雑煮は地方色豊かな食文化ですが、大和の雑煮は縁起をかつぎ円満を意味した輪切りの祝いだいこん、人参、里芋などを食材とし、角を落とした豆腐を白みそ仕立てにして食されています。

奈良で古くから栽培されてきた「祝い大根」は元々は「雑煮だいこん」と呼ばれていましたが、平成17年に大和野菜の認定を機会に「祝だいこん」と名称を新たにしています。

正確な品種名は元々は大阪で生まれた「大阪四十日だいこん」といい、中国の「華南だいこん」に近く、径が細くて長くなる性質をもっている品種です。

３６　宇陀大納言小豆《うだだいなごんあずき》

『古事記』に初めてその名が登場する小豆は、縄文時代の遺跡からも炭化した種子が出土しており、古来より人々の生活・文化と密接に結びついていた穀物として大切に栽培されてきたことが伺えます。あずきの名の由来は、江戸時代の学者である貝原益軒がまとめた文献『大和本草《やまとほんぞう》』によると「あ」は「赤色」、「ずき」は「溶ける」の意味があり、赤くて早く溶ける豆から「あずき」になったとされています。

大粒の小豆を表す大納言小豆として有名なものには、兵庫県と京都府で栽培される「丹波大納言」があり、その風味は最高級とされています。宇陀大納言の産地は阿騎野のかぎろいや、又兵衛桜で知られる宇陀市大宇陀地区を中心とした奈良県東部山間地域。この地で受け継がれてきた宇陀大納言小豆は、知名度こそ丹波大納言に及ばないが、風味も柔らかさも丹波大納言に勝るとも劣らない品質をもっています。

平成7年に奈良県農業試験場百周年記念誌として発行された『大和の農業技術発達史』によると、昭和10〜12年（１９３５〜３７）に、奈良県農事試験場（現農業研究開発センター）が県内から「宇陀大納言」、「下市大納言」、「白小豆」、茨木県から「少納言」、「大納言」、北海道から「丹葉」、「早生大粒赤」、「赤小豆」、「大納言」などを収集し品種比較試験を行ったことに加えて、昭和55年（１９８０）頃から、特産品の育成を目的に「宇陀大納言」の系統選抜を実施し、普及に供したことが記録されています。

◇宇陀大納言小豆

37 — 大和白小豆

明治42（1909）年に奈良県編纂により刊行された『大和人物史』によると、江戸時代に宇陀郡松山（現宇陀市）で薬種商を営む岡田太七氏について以下の通りの記述があり、氏が交易を通して得た白小豆を宇陀の地で栽培したところ、この土地の気候風土に良く適し、皮の薄さと味の良さについての高い評価を得たことが記されています。

「岡田太七は宇陀郡松山の人なり。薬種商を業とし、和薬物を地方より買入れて、朝鮮及び支那國に輸出し、又漢薬を輸入せり。或時朝鮮の商人と密約し、一升ばかりの白小豆を購ひ得て試作せんとせしも鎖國の令厳しくしてこれを持帰ること能はず、これを五勺に減じ、金銀と相交ぜて歸國し、窃に試作したるに、その成績佳良なりしを以て更に宇陀吉野地方に於て試作せしめたるに善く地質に適し、多額の算出を見るに至れり。して白小豆澱粉質多く、且つ皮の薄さと味の良きとによりて歓迎せられ、菓子製造のために活用するもの多く、終に全國に普及せりと博へらる。太七は寛政十一年三月の生なれども、その没年詳ならず。」

その後、全国に広く普及されたとある白小豆ですが、いつの間にか奈良県内での生産も徐々に途絶えてしまいました。しかし奈良県農業試験場が昭和10～12（1935～1937）年に小豆品種の比較試験を行った際に、県内から宇陀大納言、下市大納言らと共に白小豆も収集されて、絶滅が回避されることになりました。私達のプロジェクト粟では2005年より試験場で保存されていた白小豆の栽培復活に取り組み、その収穫した白小豆を和菓子の餡に加工することで好評を得ています。

過去の記述の通り、煮詰めて製餡すると、その薄い皮は溶けてなくなり、上品な風味と漉し餡のような食感の餡ができあがります。

◇大和白小豆

38　宇陀金《うだきん》ごぼう

ごぼうは原産地が国外で、日本で作物化した数少ない植物の一つとされています。野生種は中国北部からヨーロッパにかけて広く分布しており、日本での栽培は平安時代の後期から鎌倉時代の初めとされています。江戸時代では既に重要な野菜として『農業全書』の中でも取り上げられています。

宇陀金ごぼうの産地は又兵衛桜、または阿騎野のかぎろひで知られる宇陀市大宇陀地区です。この地区は古くからごぼうの産地で知られており、冷涼な気候と粘質で保水性に優れた土壌で育てられるごぼうは、その柔らかい肉質と豊かな芳香を特徴とし京阪神市場で高い評価を得ていました。そんな宇陀のごぼうを「宇陀金ごぼう」と命名したのは先々代よりごぼう栽培を行ってこられた上西農園の上西進さんです。大宇陀地区の土壌には雲母《キララ》が多く含まれているため、ここで栽培されるごぼうに付着した雲母がキラキラ光ることから、次第に縁起物としてお正月のお節料理に珍重されるようになっていきます。ある時、東京で金粉をまぶしたように美しく縁起が良いとの評価を得たことがきっかけとなって名付けられたとのことです。平成17年には大和野菜として認定されて奈良を代表する野菜の一つとなりました。

郷土食としての利用方法は、定番の「きんぴら」、「天ぷら」、「たたきごぼう」に「煮物」といった調理が挙げられますが、地元ではささがきにしたごぼうを油で炒めて米に加え、お酒少々と醤油で味付けをして炊き上げる「ごぼう飯」としても食されています。

◇宇陀金ごぼう

39

椿尾《つばお》ごんぼ

「ごんぼ」は「ごぼう」をあらわす方言。椿尾ごんぼの産地は紅葉の名所であり、清酒発祥の地としても知られる奈良市菩提山町の名刹「正暦寺」に隣接する奈良市椿尾町です。北椿尾町にはかつての郡山城城主である筒井順慶が築いたとされる山城跡を有しており、南椿尾町には高名な写真家である入江泰吉氏も足を運んだ石仏群があります。野生の椿が多く自生していることから椿尾《つばお》と呼ばれるようになったのが地名の由来。北椿尾町と南椿尾町からなる同地区の南北の集落は、今でも昔ながらの面影と文化が受け継がれている地域です。

この地域でのごぼうの収穫は毎年12月の中頃からで、椿尾町ではお正月のお雑煮の食材としてごぼうを欠かすことはできません。食した時の豊かな香り、そして柔らかい食感を生かして、里芋と大根、そしてお餅を食材に白味噌で味つけられたお雑煮はこの地域の代表的な郷土食となっています。その他にも「きんぴら」、「煮物」、「胡麻和え」など、お惣菜として冬の食卓を演出しています。

この地域と縁のある人以外には、ほとんど知られることなく作り継がれてきたごぼうですが、地元では100年以上も前から「椿尾ごんぼ」と呼ばれ、お歳暮の時期になると親戚、そしてお世話になった人々へと、日ごろの感謝を込めて手渡されてきた歴史をもっています。

◇椿尾ごんぼ

◇稲野友泉さん

40　東山山葵《ひがしやまわさび》

昭和2年に東山村農会によって発行された『東山村山葵栽法』によると、「室津　奥中弥次兵衛が百五十年前安永年間、室津ヒライ谷から自然生の山葵を発見して植え付けたのが始めである」と記されています。

旧東山村室津集落（現山添村）の奥中家で代々山葵を栽培していたところ、河内方面の行商人が買受けて帰ったのに着目して、弥次郎氏が大量に栽培することを試みました。当地で盛んに製造されていた「烏梅」の原料となる梅の古木が多く残っていたことから陰樹となった環境は、山葵の栽培に好都合でした。大阪の市場でも「室津奥中山葵」の名が知られるようになり、最盛期は千貫（3750kg）近く生産していたとされています。

その後、峯寺集落の窪田駒吉氏は、山葵栽培の改良に専念して、明治28年に初めて移植栽培を行い、また直射日光を好まない山葵の品質を高めるために、夏季には山葵畑に棚をかけて、その上を藁や呉座《ござ》で覆う工夫を施した。これによって大型の風味良好な山葵の生産に成功し、大阪の市場では「峯寺山葵」と呼ばれて珍重されるようになったと伝わっています。その後、「東山山葵」は全国に知られるようになりました。

第二次世界大戦後も、しばらくは栽培されていましたが、炭疽病の発生、炭の供出のため遮蔽樹木が伐採されたことに加えての価格低迷等の理由により商品作物としての栽培は衰退していきました。一世を風靡した「東山山葵」を換金作物として栽培する方はいなくなりましたが、当時の山葵は現在も集落に自生しており、その豊かな風味は自給作物として楽しまれています。

東山山葵

41　大和《やまと》まな

「大和まな」は「まな」の愛称で親しまれている奈良県の代表的な伝統野菜の一つで、アブラナ科の野菜です。一見すると小松菜に大根葉のような切れ込みがはいったような姿をしていることが外見上の特徴になり、同じ仲間としては、東京の「小松菜」、主に花茎を食用とする兵庫県の「茎立菜」、または独特の風味がある三重県の「三重菜」などが挙げられます。

奈良盆地での古くからの産地としては大和高田市と天理市があげられ、大和高田市では茎の色が白い「白軸系のまな」が、そして天理市では茎の青い「青軸系のまな」の栽培が行われてきました。霜に当たると他の漬け菜にない軟らかさと独特の風味や甘みが増した頃から旬を迎え、漬物やおひたし、そして辛子和え、お揚げと一緒に炊き込む郷土食の「たいたん」に調理される等、晩秋から冬にかけて奈良盆地の地方色豊な総菜として利用されてきました。

「大和まな」の代表的な生産者として知られる大和高田市で父の代から「大和まな」の生産を手掛けてこられた「UEDAなっぱ工房」の上田喜章さんにお話しをうかがってみると、大和高田市では古くから「大阪シロナ」や「大和まな」の栽培が行われてきました。代々続く農業を引き継ぎ、上田さんが「大和まな」の栽培を始めたのは平成元（1989）年。当初は地元で古くから呼ばれていた名称の「まな」で販売を行っていた上田さんですが、栽培する奈良県大和高田市の「まな」の評価が市場で徐々に向上していく中で、平成12年頃に奈良を表す大和を冠して「大和まな」と名付けられることにな

◇大和まな

◇上田喜章さん
就農前に就職していた大手カーメーカー経理の経験を活かして、緻密な栽培計画と経営を実現されている上田さん。その道一筋に打ち込んできた人に贈られる「黄綬褒章」を令和5（2023）年春に受賞されました。

りました。

その後、平成17年に「まな」は「大和まな」の名称で大和野菜として認定されることで「大和まな」の名は定着し、現在は奈良を代表する伝統野菜の一つに数えられるようになりました。

上田さんは自身が農業を引き継いでまもなく、上田家で代々受け継いできた「大和まな」の品質を上げるために、選抜による自家採種を続けていくことでより良い「大和まな」の育種を始めました。生育が不揃いになりにくいもの、黄化（葉が黄色く変色すること）しにくいもの、サラダなどの生食事の食感を良くする為に葉の産毛と茎の筋の少ないもの、暑い季節に栽培する為に耐病性があり、葉は丸く切れ込みの少ないもの、大きく育てても硬くならないもの、えぐみが少なくうまみ成分のアミノ酸を多く含むもの等々、長年にわたる努力の末、15年前にこれらの特徴を備えた上田家の進化した「大和まな」が完成。本来、奈良盆地でアブラナ科の作物を栽培する場合は11中旬～3上旬が旬となりますが、上田さんは「大和まな」の周年栽培を県内で初めて実現させました。

大和野菜の認定以前、「大和まな」は奈良県内においてもまだまだ知られていない野菜でしたが、その理由として収穫が冬季の一時期に限られることと、比較的短期間で黄化と呼ばれる葉の部分が黄色に変色することにより流通を経ることが困難だったことがあげられます。しかし、上田さんをはじめとする専業農家による高い生産技術の確立、奈良県農業試験場や民間育種メーカーの系統選抜と育種に対する取り組み、また学校給食の中での地産地消をテーマとした活用も始まるなど各分野の努力により名実ともに大和野菜を代表する存在となっています。

◇上田さんご家族
UEDAなっぱ工房を共に営む妻の美加子さんと息子の明史さん
地元大和高田市の伝統野菜として受け継いできた「大和まな」を全国のさまざまな人に食べてもらいたいという想いで、種を採り、通年で「大和まな」を栽培されています。

UEDA いちご工房
ホームページ

UEDA いちご工房
Instagram

コラム「奈良のタカラモノに会える店」

割烹《かっぽう》 まつ㐂《き》

近鉄奈良駅から南へ歩いて約10分。奈良市東城戸町にある町家を、奈良町の古民家再生を手掛ける建築家の藤岡龍介氏によって改装された趣のある店内は、懐かしさと清潔感が調和した空間となっており、1階はカウンター4席とテーブル席が6席。2階は8人まで対応可能な個室もあり、落ち着いたしつらえとなっています。

料理を振るまう主人の克哉さんは大阪出身。女将のかおりさんの故郷奈良で開店を決意し、土の料理人と称された奈良「川波」の先代大将の元で9年、その後は大阪の「味吉兆」など日本料理の名店で修行を重ねてこられました。

料理が大好きで、料理を喜んでいただくことに対して「一意専心」に取り組まれてきた克哉さんが手掛けられる懐石料理は、四季折々の大和野菜をはじめとする旬の奈良食材がふんだんに使用され、素材の魅力が必要以上に飾られることなく活かされています。

物腰柔らかで朗らかな克哉さんと、女将のかおりさんの明るくて素敵な笑顔溢れる接客も相まって、空間、お料理、サービスと、２０１７年3月のオープン以来、多くのファンを魅了している奈良が誇る和食の名店の一つです。

割烹 まつ㐂 HP

割烹 まつ㐂
facebook

◇松室さんご夫妻　畑にて

「大和まな」と大和肉鶏と季節の根野菜を白味噌仕立ての雑煮に。
克哉さんが修行時代からコツコツと収集してきた思い入れのある数々も四季の移り変わりと共に目も楽しませてくれます。

２０２２〜２０２４年と続けてミシュランガイドの一つ星に選出。

◇割烹《かっぽう》 まつ㐂《き》
〒６３０-８３４４
奈良市東城戸町１６-１
TEL ０７４２（９３）６２２２

写真提供：N.I.PLANNING CO.,LTD.

42　下北春まな

下北春まなは、その名称から「まな」と呼ばれている大和野菜を代表する葉菜の「大和まな」を連想される方も多いと思いますが、二つは別の野菜です。

　下北山村では古くから「春まな」と呼ばれ受け継がれてきた下北春まなは、小松菜を思わせるような濃い緑色に大きな葉、そしてその葉は切れ込みの無い丸みがかかった形状、肉厚で甘味があり、親しみやすい独特の風味といった特徴をもっています。村内では自家消費用の冬野菜として、各家の畑の一角に当たり前のように栽培されてきました。種を蒔くのは九月の下旬から十月の上旬。育った苗を30センチメートルから40センチメートルの間隔で移植すると、他の冬野菜同様に、霜に当たる事で独特の風味と甘みが増していきます。食べ方は、収穫後きれいに洗って塩漬けにしたものをお漬物として利用し、そのお漬物にご飯をくるんだおにぎりは「めはり寿司」と呼ばれるこの地域を代表する郷土食として知られています。また、漬物以外にも、おひたしや、煮物、そして肉との相性の良さを生かしての炒め物など、晩秋から冬にかけて、この地域の地方色豊な総菜を演出してきました。

　平成20年には、大和野菜の認証を受け、ブランド野菜として下北山村のみならず奈良県を代表する野菜の一つとなっています。

◇めはり寿司
「泊まり山（とまりやま）」と呼ばれる泊まりがけでの山仕事の折には、お弁当として持参されてきた郷土食。下北山村ではご飯を包むお漬物に「春まな漬」を利用してきました。

◇日浦マサさん
日浦マサさん　下北山村役場の近く浦向地区の集落で「春まな漬け」の愛称で親しまれている下北春まなを加工した同村の特産品開発に取り組んでこられた中心人物のお一人です。

43　高菜《たかな》

昭和61年に選定された「ふるさとおにぎり百選」では、地域色豊かで地域の文化に根ざしている「おにぎり」が日本全国から１００種類が選ばれました。奈良県からは「柿の葉寿司」、「なれずし」、「めはり寿司」の三種類の郷土食がその中に選出されています。

郷土料理として知られるようになっためはり寿司は食べやすい一口サイズが主流となっていますが、山仕事の弁当だったという本来のものは日本最大の握り飯といわれるほど大きく、口を大きく開け、目を大きく見張ってくらいついたところからその名がつけられました。

そしてめはり寿司のふるさとであり、その食材として欠かすことのできない高菜の産地でもある十津川村は奈良県の南端となる紀伊半島の中央に位置し、日本一長い吊橋「谷瀬の吊橋」や日本で最も広い村としても知られています。この村内各地で自家採種されて受け継がれてきた高菜は色合いも緑一色のものから赤みのかかったものまで、同じ高菜でも種を採る各家によって色合いや辛味に個性があります。収穫された高菜はピリリと程よい辛味のある「高菜漬け」と呼ばれるお漬物に加工される他にも、伝統的な調理法としてお浸しや煮物としても利用され十津川村の欠かすことのできない郷土食を演出しています。めはり寿司という食文化と共に受け継がれてきた高菜は、保存食、郷土食、そして特産品と時代と共にその役割を変えながら今も大切に継承されています。

◇高菜

44 コナ・45 ミガラシ

先の「よど豆」の栽培地としてもご紹介しました通り、吉野林業発祥地であり、吉野川源流の地でもある川上村は、後醍醐天皇の南朝と関わりの深い歴史があり、その歴史深い川上村高原地区では「よど豆」以外にも、この集落独自の在来作物が受け継がれてきました。

梶川五朗さん、稔子さんご夫妻が受け継がれてきた二種類の野菜は、奈良県内でも川上村高原集落にご縁のある方々以外にとっては名前も知られていない存在です。稔子さんが子供の頃から高原で栽培されていた「コナ」と呼ばれる野菜は、一見すると小松菜のような外見ですが、また異なる風味と食感があり、生育も旺盛な特徴があります。葉物野菜の定番調理法であるお浸しや炊いて食べると共に、かつては「ドウコウ」という8月17日に行われる地域のお祭りで、お漬け物にしてお供えされてきました地域を代表する葉物野菜です。

そして、もう一種類の「ミガラシ」と呼ばれる野菜は、独特の切れ込みが入った葉の形状と、「からし菜」のような特有の辛みがあります。黄色い種子は、すり鉢で摩り下ろしてカラシとして利用し、葉は70℃~80℃のお湯をかけて、塩と一緒に揉むことで独特の辛みが増した漬け物として利用されてきました。

◇梶川五朗さん、稔子さんご夫妻

◇高原コナ

◇ミガラシ

46　八条水菜《はっちょうみずな》

水菜といえば京菜《きょうな》という別名があることからもわかるように、京都の九条東寺で畝間に水を引いて栽培されていたことから水菜と名付けられ、また切れ込みの深い葉が特徴であることから「ヒイラギ菜」、多くの葉柄が密生することから「千筋菜」とも呼ばれています。京都で生まれた水菜はハリハリ鍋やすき焼きなどの鍋料理をはじめ、サラダなどに利用され各地に広がっていますが、奈良県でもブランド野菜として知られる水菜が存在しています。それが奈良盆地の一角である奈良市大安寺八条を生産地とする「八条水菜」です。

大安寺八条地域は南都七大寺のひとつに数えられる大安寺の西側に位置し平坦な地形に水田が広がっている地域です。かつては水稲の裏作として麦や小麦を栽培していましたが、その後に水菜栽培がおこなわれるようになります。この地で育てられた水菜は、細くて白い茎、柔らかい食感が市場で高い評価を得てその名が知られることになり、この地域の名を冠して「八条水菜」と呼ばれるようになりました。出荷のピークは11月上旬から1月下旬頃。優れた品質の理由に、毎年この地で種を採り優れた品質を選抜する自家採種があげられ、親となる水菜を選ぶのは長年の経験と勘をたよりに行われています。平成17年に大和野菜に認定されますが、大和野菜の品目名としてはこの地域以外での生産地拡大を想定して八条という地域の名称を外して千筋という品種名が冠せられています。長年にわたる作り手の研究と努力、そして八条の気候風土によって育てられる八条水菜は鍋や漬物をはじめ、炒め物やサラダなどアイデア次第で幅広く調理する事ができる親しみやすい野菜といえます。

◇畑田昇さん、妙子さんご夫妻
奈良市大安寺八条の畑にて

47 春日早生《かすがわせ》

紀元前に中国から伝来したといわれるナタネは野菜として利用されると共に、江戸時代になると種からとれるナタネ油を食用油、そして灯りをともす灯油用としての利用がはじまります。つまり、ガス、石油、電気が本格的に普及する以前、ナタネ油は欠かすことのできない燃料であり、それを生みだすナタネはとても大切な作物だったのです。

奈良県下でも明治10年から20年代には約7000haの栽培面積がありましたが、現在は栽培されている畑を見ることはほとんどなくなってしまいました。

時代の変化と共に、忘れ去られた作物といえるナタネですが、その中には葉物野菜として、とても魅力的な特徴をもつ品種が存在していることがわかってきました。

昭和33（1958）年に県下での栽培記録が残っている春日早生もその一つです。

プロジェクト粟の五ヶ谷営農協議会では、2020からジーンバンク機能を備える奈良県大和野菜研究センターと連携し、センターで保存されてきた「春日早生」の栽培に取り組んできました。外見は兵庫県の伝統野菜「茎立菜《くきたちな》」に非常に良く似ており、肉厚でキャベツのような質感を持つ葉は非常に柔らかく、豊かな甘みも有しています。また早生種であることから、絶品の風味を持つ「菜花」を早春に楽しむこともできます。

油との相性がとてもよく、「大和マナ」や「下北春まな」といった他の奈良の伝統的な葉物野菜とも異なる独特の風味は、和食はもちろん、イタリアン、中華、フレンチにも利用できるポテンシャルに溢れている野菜で、その奈良らしいネーミングも相まって、今後の普及がとても楽しみな品種といえます。

◇春日早生

48 ― 今市《いまいち》カブ

江戸時代の農書である『百姓伝記』と『農業全書』の中で、大根に次いで多く記述されている作物がカブです。カブは別名「スズナ」とも呼ばれ、春の七草としても知られるように日本では古来から大根と共に大切にされてきた作物です。古くから栽培されてきたカブは多くの種類が生まれ、現在も地域ごとに形も色も様々な個性的な特徴をもつ品種が存在しています。代表的な例を数点挙げますと、京都には日本最大のカブとされる「聖護院蕪《しょうごいんかぶ》」があり、このカブは煮くずれしにくいことから、かぶら蒸しや煮物に用いられるとともに、京都の名産品である千枚漬けへと加工されています。次に滋賀県から三重県にかけて栽培されている「日野菜カブ」は一見すると大根のような細長い形状で上半分が紫色で下半分が白色という個性的な色合いが特徴ですが、このカブも有名な特産品である「日野の桜漬け」に加工し利用されています。また信州の野沢菜漬けの材料として知られる「野沢菜」もカブの一種であり、このようにカブの中には根よりも葉を主として利用する品種も存在しておりこれらは蕪菜《かぶな》と呼ばれています。

そして奈良県の伝統野菜である今市カブは安産祈願のお寺として有名な帯解寺の近隣、奈良市今市町を中心に昭和30年代まで周辺一帯で盛んに栽培されていた品種。大きさは中カブの部類に入り、白い皮色とお餅のような偏球形が特徴。柔らかい肉質に、独特の個性的な風味もあり、ふろふきなどの煮物に、または漬物としても利用されてきました。また野沢菜そっくりの柔らかい葉の部分は数ある蕪菜の中でも秀逸で葉物野菜としても利用できます。

今市カブ

49 片平《かたひら》あかね

大和の伝統野菜は個性的な野菜たちが顔をそろえていますが、その中でもひと際目を惹く美しさを持っている野菜が、山添村片平集落で受け継がれてきた「片平あかね」と名付けられた鮮やかな赤色の蕪です。

片平あかねは、他の大和の伝統野菜の多くがそうであるように、戦前から片平の農家が、家族や近隣で食し、そして親戚、知人に贈る自給野菜として栽培されてきました。採種は各々の家で優良と思われる色と形を備えた株を選んで自家採種が行われて、このように集落の中で採種を行うことによって美しい赤い系統が選抜されてきました。伝統的な採種の方法は、種採り用の株の根を一部カットし、その先に十文字の切れ込みをいれて再度植えつける。この時、他のアブラナ科の野菜と交雑しないように、畑から少し離れた場所に植えておかれた株が翌年の春に黄色い菜の花を咲かせた後に新しい種を実らせます。

片平あかねの郷土食は基本的にお漬け物。三段階に収穫されてお漬け物に加工されます。初めに収穫する蕪の直径が1センチ程度以下の「間引き菜」は、その葉の部分と一緒に塩をして刻み、酢と砂糖で甘酢漬けにされます。そして11月頃になると地元では「タクアン」と呼ばれる大根型の蕪の部分を薄くスライスして同様に甘酢漬けに。酢を加えることによって赤色がより鮮やかに発色し美しい色の漬物となります。最後は寒さが厳しくなる12月に、すべてを収穫して、「長漬け」と呼ばれる直径が3センチ程度に成長した蕪と葉の部分を一緒に漬け込みます。この長漬けは紅ショウガによく似た濃い鮮やかな赤色となり、こうして冬から春にかけた片平の欠かせない保存食ができあがります。それぞれ

片平あかねクラブの皆さん　地元のタカラモノを自らの手で大切に継承されている活動が素晴らしい

に口に含むと、程よい歯ごたえ、甘酢の香りとともにこの蕪独特の風味が広がり、最良のご飯やお酒のともになります。

片平あかねは、その作り手、そして産地である片平集落にとっては特別なものでも何でもない生活文化の一部であり、食する人の喜ぶ顔を思い浮かべながら育てられる家族野菜です。

そんな片平の伝統野菜が、大和の伝統野菜として広く知られるようになったのは、平成18年の12月に、奈良県が片平あかねを大和野菜の一つとして認定したことが大きいでしょう。同年の春、それまでは、その形が滋賀県の伝統野菜の日野菜に似ていることから「ひのな」と呼ばれていたこの蕪の名前を決めるため、37戸、約１４０人の片平区民による公募から集まった71件もの候補の中から審査を経て、あかね色に美しい気風をもつ「片平」の地名を冠した「片平あかね」が選ばれました。全国でも住民全員により名付けられた伝統野菜はめずらしい事例となります。一躍、奈良県を代表する伝統野菜として知られるようになった片平あかねですが、栽培を手掛けられてこられた方々で構成されている「片平あかねクラブ」の皆さんは「地域の宝として粛々と守りつないでいきたい」と語ります。片平あかねクラブの主催で毎年11月23日に開催される、「片平あかね祭り」では即売会やレシピの紹介等の普及活動をされています。また同日に優良系統を選抜して種を保存する為の品評会を行い大切な地元のタカラモノを守り継承されています。

◇片平あかね

◇奥中さんご夫妻

あかねクラブの代表を務められる奥中孝俊さん、ひふみさんご夫妻。片平集落のタカラモノ「片平あかね」を粛々と地域の方々の手で守り続けてこられました。「あかね祭り」を通して、交流人口の輪が広がっています。

コラム「奈良のタカラモノに会える店」白《つくも》

2022~2024年と3年連続してミシュランガイドの2つ星に選出された奈良を代表する和食の名店の一つ「白」。そのオーナーシェフの西原理人さんが、最初に門戸を叩いたのは、京都の名店「嵐山吉兆」。10年間の修業から料理の神髄はもちろん、華道・茶道・書道にも触れ、野菜の目利きに関しては土づくりから勉強されたそうです。その後も国内外のトップレベルの料理の世界で研鑽を深めた西原さんが自身の店に選んだ地が、妻の知子さんの故郷であり日本のはじまりの地である奈良でした。

「奈良は1300年前、海外の人も集うメトロポリタンでした。ダイバーシティの最先端だった奈良で店を開くことが、海外での経験を取り入れて、料理の本質を表現したいという自身の思いと一致しました。」

店名の「白」込められた想いとして、西原さんは続けます。「我々の国には、九十九年目の生誕の日を祝う習わしに『白寿』があり、百から一を、取り除いた字が『白』そして引いた数が九十九《つくも》となります。それは、限りなく完璧に近いが僅かに足らず。しかし九十九と百の間には永遠が存在します。また、古く先人から受け継がれてきた感性に、完璧を良しとせず敢えて未完成に仕上げる『未完の美』という美意識が存在し、そこには遊び心があり、そしてその先に未来を感じる事ができます。」

料理人であると同時に、詩人、美の体現者として歴史・文化を語るストーリーテーラーでもある西原さんは未来をみつめてこう語ってくださいました。

◇西原御夫妻店舗

1977年福岡生まれ、東京育ち。高校卒業の翌日より京都吉兆嵐山店で10年間修業した後、軽井沢の蕎麦会席レストラン「東間」を経て、京都の老舗「麩嘉」が経営する精進料理店「ニューヨーク・嘉日」で初代料理長を歴任。ロンドンの懐石料理店「Umu」を経て、2015年に妻・知子さんの故郷である奈良に「白」を開店。2021年に「大人の奈良町」、「奥の奈良町」と称される十輪院に現在の店舗を構える。

「正倉院宝物からも理解できるように、奈良は古くからシルクロードを通じて海外と文化交流を行ってきた国際都市でした。これらをベースに、古代と現代の出会いを組み合わせた料理を創造することを楽しみながら、料理を通じて、奈良県、そして日本全体の文化を次の世代に伝えていきたいと思っています。」

◇西原御夫妻畑

「白」の女将であり、最愛のパートナーの知子さんの故郷奈良で受け継がれてきた大和の伝統野菜の栽培もはじまりました。奈良の大地からどのような不易流行なストーリーが生まれてくるのでしょうか。奈良を代表する和食の名店の更なる展開が楽しみでなりません！

白 ホームページ

◇お料理

西原さんの料理には、巡りゆく四季折々の奈良の風土・情景・文化が織り込まれています。

写真のお料理は山添村片平集落で受け継がれてきた大和伝統野菜の「片平あかね」を食材とした一品。山添村村史の記述にある「桃源郷」と称された片平集落で、景色が褪せていく季節に茜色に色づき旬を迎える「片平あかね」の美しさを寒牡丹で模しています。

50 ― 大和のこだわり野菜と大和甘なんばん

奈良県がブランド野菜として定める大和野菜には、戦前から本県での生産が確認されており地域の歴史・文化を受け継いだ独特の栽培方法等により「味、香り、形態、来歴」などに特徴をもつ大和伝統野菜20品目に加えて、栽培方法や収穫時期にこだわり、また出荷に高い基準を設けて栄養、美味しさを追求した大和のこだわり野菜5品目が認定を受けており、現在25品目が存在しています。

ここでは、こだわり野菜として認定を受けている「大和ふとねぎ」、「半白きゅうり」、「香ごぼう」、「寒熟ほうれん草」と「朝採り野菜」に加えて奈良県オリジナル野菜として育種された「大和甘なんばん」をご紹介します。

大和《やまと》ふとねぎ

奈良時代に渡来したといわれている葱は、古くから日本の食卓に欠かせない野菜の一つです。関東では「根深ねぎ」と呼ばれる土寄せを行って栽培した白い部分を好み、関西では「葉ねぎ」と呼ばれる緑の葉を食する品種が好まれてきた歴史があります。

「大和ふとねぎ」は群馬県の「下仁田ねぎ」と良く似た形状で白根部分が太くて短いのが特徴です。この白い部分にはタンパク質や硫化アリルという成分が多く含まれており、焼きねぎや鍋の具材など熱を加えることで特有の甘みと風味が出てきます。

◇大和ふとねぎ

朝採《あさど》り野菜

少しややこしい表現となりますが、「朝採り野菜」という一つの名称で大和野菜の認定を受けている野菜として、レタス、なす、きゅうり、スイートコーンが含まれています。野菜は全般的に、朝収穫することで収穫後の呼吸による糖分等の消耗が少なくなり甘みやみずみずしさが保持されるとされています。一例を挙げるとトウモロコシは収穫から24時間で栄養が半減するといわれており、収穫後に高温にさらされると糖分がエネルギーとして使われてしまうため甘みも落ちてしまいます。そして、なすやきゅうりは葉から光合成された養分が夜間に移動して果実に蓄えられます。このように野菜の特性を理解し収穫時期にこだわり、また出荷に高い基準を設けて栄養、美味しさを追求した鮮度の高い新鮮野菜が「朝採り野菜」としてこだわり野菜に認定されています。

半白きゅうり

「半白きゅうり」は、その名の通り、半分が白色で半分が淡い緑色の外見をもっており、現在多く流通している緑色のきゅうりに目が慣れている人には、半白きゅうりは個性的な品種に思えるかもしれませんが、昭和30年代までは県内の各地で栽培されていました。

こだわり野菜として認定されている「半白きゅうり」は伝統品種ではない品種改

◇朝採り野菜

◇半白きゅうり

良されたF1種が栽培されていますが、半白系のきゅうりの特徴であるしっかりとした皮とみずみずしい果肉を食するときのパリッとした食感を活かして「ぬか漬」、「浅漬」として楽しめると同時に、薄くスライスし塩もみした後に、余分な水分を絞り、お酢と少量の砂糖、そしてゴマ味噌を和えて調理される郷土食の「もみうり」は、お好みで縁起物の蛸やカニ身やワカメを加えて食されてきました。

香りごぼう

「香りごぼう」は春に旬を迎える数少ない大和野菜の一つです。葛城山麗の扇状地にある五條市北宇智地区が中心となってブランド化に取り組み、砂質で排水の良い土壌を生かし生産される香りごぼうは、三月下旬から田植え直前まで出荷される季節限定の野菜となります。秋冬に収穫されるごぼうとは異なり、20センチ程度の長さのごぼうと共にその柔らかい葉も食材になります。その名の通り香りの良さと柔らかさが特徴です。

大和完熟《やまとかんじゅく》ほうれん草

「大和完熟ほうれん草」は標高が300m以上になる宇陀市、曽爾村、御杖村といった高原地域が生産地となっています。収穫時期は寒さの厳しい12月下旬から2月頃までとなります。もともと宇陀市、曽爾村、御杖村などの大和高原地域では涼しい気候

◇香りごぼう

◇大和完熟ほうれん草

を活かしてほうれん草の栽培が行われてきました。ほうれん草は栽培中に寒冷な環境をあたえられることにより糖分含有量が高くなる特徴があります。高原農業振興センター（現大和野菜研究センター）によって生産技術の開発が行われた「大和完熟ほうれん草」の最大の特徴はその甘さ、すなわち糖度にあります。一般的なほうれん草の糖度は6～7度であるのに対して「大和完熟ほうれん草」の糖度は10度以上になります。

標高360m～550mの高原気候をもつ曽爾村ではその冬の厳しい寒さを活かして「大和寒熟ほうれん草」が栽培されています。「大和寒熟ほうれん草」はJAならけんの登録商標であり糖度検査で8度以上のものが、「大和寒熟ほうれん草」として出荷されています。

まさに「こだわり野菜」の名に相応しい別格の甘みで、市場で高い評価を得ています。

やまと甘なんばん

そして、こだわり野菜に加わっていませんが、もう一つご紹介したい奈良のオリジナル品種が「やまと甘なんばん」です。奈良県農業研究開発センターが大手企業等と協力し、大和野菜の「ひもとうがらし」とカプシエイト高含有品種のとうがらしを掛け合わせることで開発されたこのとうがらしは、「ひもとうがらし」に比べ、代謝促進作用のある「カプシエイト」を多く含み、にも関わらず辛みがカプサイシンの1／1000とほとんど辛みがなく、「ひもとうがらし」や「ピーマン」のように野菜として食しやすいのも特徴です。

◇曽爾村大和寒熟ほうれんそう生産部会

◇やまと甘なんばん

「奈良のタカラモノに会える店」

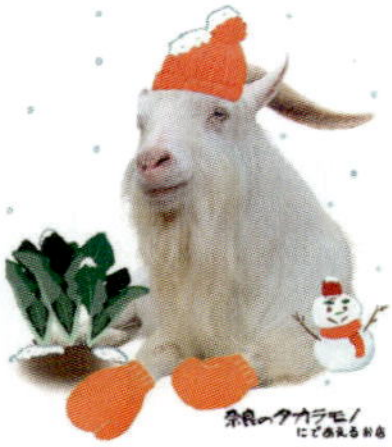

コラム　森のオーベルジュ星咲《きらら》

大和高原に位置する曽爾村はススキの名所である曽爾高原や屏風岩などの観光名所を有する美しい里山が広がります。この村に2019年7月に1日1組のオーベルジュが誕生しました。

お店の名前は「森のオーベルジュ星咲《きらら》」。

オーナーの芝田夫妻の夫である秀人さんの生まれ育った故郷でもあります。

小・中・高校時代は野球に明け暮れる生活を送った秀人さんは大学時代のアルバイトが切っ掛けでサービス業に憧れ、卒業後はリゾートトラスト株式会社に入社。会員制ホテルエクシブで勤め、日本各地で経験を積んでいきます。その後、奈良市内のブライダルとフランス料理店を営むディライト株式会社の「ラ・テラス　イリゼ」で店長として働きながら研鑽を重ねていく中で、故郷奈良の魅力に気づいていくことになります。

そして本当の豊かさについて考えた時、自然に故郷の曽爾村に気持ちが向いていくことになりました。「子供の頃はただ不便な村としか思わなかったけれど、実はかけがえのない魅力のある場所だった」。

そして自身が再確認することのできた「この村の魅力を伝えたい」。「故郷で人をもてなす仕事がしたい」と考えるようになり、地元での開業を目標に36歳の時に「なら食と農の魅力創造国際大学校（NAFIC）」の第1期生として入学。本格的なフランス料理や農業、マネージメントなどを学ぶことを決意します。

一方、同じ奈良県の桜井市出身の妻 委久さんは大学卒業後、中学校講師などをしながら、オーストラリア留学、カナダへのワーキングホリデー等を経験する中で、食の豊かさ

◇星咲外観

標高550ｍに建てられたロッジ風のお店では、昼間は曽爾村の里山を展望し、夜空になると「星が咲く」というその名の通り満天の星が瞬く美しい景色が現れます。

に関心をもちはじめます。様々な国の文化に触れることで、いつしか美味しいパンでお客様をもてなすゲストハウスをしたいと夢を描きはじめ、パン屋で4年の修行、株式会社粟で2年間料理と野菜作りを体験することになりました。

それぞれの経験を経て、出会った2人の御縁と夢が自然と重なりご結婚。２０１９年に夫婦で開業されたオーベルジュは御夫妻のお人柄、料理、曽爾村の素晴らしい風景が相俟って、瞬く間に奥大和の名宿として知られることになりました。

森のオーベルジュ
星咲 Facebook

森のオーベルジュ
星咲 Instagram

◇左巻榧の実
珍しい左巻の模様が入った「榧の実」。天然記念物に指定されている。

◇お料理
大和寒熟ほうれん草～剣先烏賊と榧の実オイルとともに～
糖度10度を越える曽爾村の名産「大和寒熟ほうれん草」をシンプルにソテーとソースに。ナッツとイカは好相性の組み合わせであるということから曽爾村に生存している天然記念物の「左巻榧」の実をローストした自家製オイルを作成。剣先烏賊と合わせ、最後にローストした榧の実を削った一皿。

◇芝田秀人さんと委久さん
シニアソムリエ（ソムリエ・エクセレンス）の資格をもつ秀人さんは、一般社団法人日本ソムリエ協会奈良支部長を務めている。
委久さんは開店と同時にオーベルジュ周辺の畑で野菜づくりもスタートし〝Farm to Table〟にも取り組んでいる。
都甲ユウタ撮影

森のオーベルジュ
星咲 HP

51 大和の稲

日本の主食である米の栽培の歴史は非常に古く、縄文時代の後期には稲作が伝わっていたとされています。伝播経路については多くの説があり、「中国の江淮地帯（長江・淮河の間）から朝鮮半島南部を経て伝播した」「長江下流部から直接九州に伝わった」などと諸説あります。弥生時代になると、日本列島の広範囲で水田耕作が広がり、この時代の遺跡として有名な静岡県登呂遺跡では、田下駄、鍬、鋤、農耕具、竪杵などの体系的な稲作技術を裏付ける農具が発見されています。そして、奈良時代になると、貴族の間で白米が一般的な主食となり、現代の和食の原型と言える主食＋副食というスタイルの基礎が確立されていきました。この時代から出土した木簡には「赤米」、「黒米」の記述が確認されています。

江戸時代後期になると、米の品種改良がはじまりました。その後、次々と新しい品種が育成されて、日本で品種登録されているお米の数は約１０００品種を数えます。そのうち、主食用のうるち米は約３２０品種、もち米は約80品種、酒米は約１３０品種が登録されています。ちなみに、現在、日本でもっとも流通している「コシヒカリ」は、昭和31年に生まれました。食味に優れ、稲の深刻な病気である「いもち病」にも強かったため、各地で生産が進み、昭和53（１９７８）年以降は40年以上連続で作付面積全国1位を誇っています。

奈良県では、「コシヒカリ」、「ひとめぼれ」、「キヌヒカリ」、「あきたこまち」、そしてもち米として「旭糯」などが栽培されており、県の奨励品種として、粒揃いが良く、光沢

◇「ヒノヒカリ」

と粘りが豊かで、深い甘味が特長の「ヒノヒカリ」が多く栽培されています。「旭糯《あさひもち》」は、食欲をそそられる表現ではありませんが、「大和のハナタレもち」と称される程の豊かな粘りが特徴で、餅に加工されることは勿論のこと、その稲わらも強い強度と粘りのある加工特性があることから、「草鞋」や「筵《むしろ》」、「しめ縄」等々の藁文化を支えてきました。

また、奈良県で栽培されている酒造好適米としては「露葉風《つゆはかぜ》」が知られています。これは昭和38年に愛知県農業試験場で育成された品種ですが、現在では奈良県のみで栽培され、ＪＡ奈良県と奈良県酒造組合の契約栽培米になっています。

最後に紹介するのは、「十津川香米」です。十津川村で古くから栽培されてきた独特の香りがある米として知られるインドの「バスマティ米」と同様にアセチルピロリンという香り成分が含まれている為、この「十津川香米」を加えて炊きあがったご飯はポップコーンのような独特の香りが広がります。十津川村の郷土食の一つに、この香米を一つまみ加えて炊きあげる香ばしい茶粥が挙げられます。

◇大谷英一さん、純子さんご夫妻
十津川村出谷集落で代々伝わってきた「十津川香米」の栽培を受け継いでいる大谷英一さん、純子さんご夫妻。

◇「十津川香米」

52

大和の雑穀
粟むこだまし・粟みどよ・粟あおね・高黍・稗・黍

豊かな実りを表す「五穀豊穣」の五穀とは、我が国で昔から特に大切にされてきた5種類の穀物のことを表しています。一般的には「米」、「麦」、「粟」、「黍」、「豆」の5種類の穀物を表しますが、時代や地域によってもその内容は異なることがあります。『古事記』では「米」、「麦」、「粟」、「大豆」、「小豆」、そして『日本書紀』では「米」、「麦」、「粟」、「稗」、「豆」を五穀としています。

現在、主食とされる「米」以外は雑穀と称されていますが、1930年代頃までは山間部を中心に米と共に命を支える作物として盛んに栽培されており、現在も十津川村、天川村、五條市の旧大塔村地区では細々と栽培が続けられています。

大和で継承されてきた特徴的な品種を紹介すると、各地で栽培されている「稲黍」、「高黍」、各種の「大豆」や「小豆」に加え、五條市の旧大塔村地区では髭のように長い禾を持っている稗が栽培されてきました。野迫川村には「あおね」と呼ばれる小さな穂の粟があり、こちらは玄粟にすると青色がかった色をしている大変珍しい粟品種です。同じ粟でも早く収穫のできる「早生粟」と呼ばれる品種、そして十津川村や五條市の旧大塔村地区では中生品種の「みどよ」と呼ばれる品種に加えて、晩生品種の「むこだまし」という玄粟に加工すると真っ白になり、強い粘りをもつ品種が受け継がれてきました。

◇「むこだまし」の名前の由来はその色にある。多くの粟の品種は脱穀すると黄色となり、それで作られる粟餅も黄色になるが、「むこだまし」を玄粟に加工したものは白色となります。したがって餅をつくと、もち米でついたような白い餅ができあがり、昔の照明は現在よりも暗く、おむこさんが米の餅とだまされてしまうほど見分けがつきにくいことから。

◇大谷松一郎さん・シゲさん
十津川村の出谷集落で「むこだまし」の栽培を続けてこられた大谷松一郎さんとシゲさんご夫妻。

第3章

懐かしくて
新しい
未来の暮らし

生命《いのち》は

吉野　弘

生命は
自分自身だけでは完結できないように
つくられているらしい
花も
めしべとおしべが揃っているだけでは不充分で
虫や風が訪れて
めしべとおしべを仲立ちする
生命は
その中に欠如《けつじょ》を抱き
それを他者から満たしてもらうのだ

世界は多分
他者の総和
しかし
互いに
欠如を満たすなどとは
知りもせず
知らされもせず
ばらまかれている者同士
無関心でいられる間柄
ときに
うとましく思うことさえも許されている間柄
そのように
世界がゆるやかに構成されているのは
なぜ？

花が咲いている
すぐ近くまで
虻《あぶ》の姿をした他者が
光をまとって飛んできている

私もあるとき
誰かのための虻だったろう

あなたもあるとき
私のための風だったかもしれない

コラム　清澄の里 粟《あわ》

「奈良のタカラモノに会える店」

北山の辺の道すがら、清澄の里と呼ばれる里山の小高い丘にある小さなレストラン清澄の里 粟。四季折々の巡りゆく自然の中、周辺の田畑では年間で約１４０種類の米や雑穀、大和伝統野菜、エアルーム野菜、そして山菜に薬草、果樹を栽培。

１８００坪の敷地内には「弁天塚古墳」と呼ばれる古墳時代後期に造られた両袖式円墳があり、看板ヤギのペーターとクララが敷地内で自由に暮らしています。店内から西を眺めると奈良盆地と生駒山を眺めることができ、店内の水槽では奈良県産ニッポンバラタナゴを飼育。観葉植物のクワズイモには日本固有種のシュレーゲルアオガエルを生態飼育しています。

プロジェクト名、社名、そして屋号でもある「粟」は、大和言葉で「あ～すべてのはじまり」、「わ～すべての調和」、そして一粒の種から豊穣が広がる「一粒万倍」の語源であることから大和の伝統野菜や伝統文化、そして人の輪が広がってゆく種火のような場所になれるようにとの願いを込めています。

このレストランはＮＰＯ法人清澄の村、五ヶ谷営農協議会、そしてレストランを運営する株式会社粟の３者が連携して推進する「プロジェクト粟」の中枢を担うと共に、「はじまりのムラ coto coto」コミュニティの拠点として地域内外の関係人口・交流人口を紡ぐ役割を果たしています。

プロジェクト粟は市街地近郊の中山間地域である奈良市精華地区を舞台に、伝

◇ペーター・クララと田のかみさま

看板ヤギの人気者ペーターとクララ。雨の日も風の日も、いつもニコニコの笑顔で清澄の里とプロジェクトを見守ってくださる粟のシンボル「田のかみさま」。

瑞穂の国である日本では、田の神信仰は全国に存在しており、江戸時代に薩摩藩が奨励し、お百姓さんが石神として造立した田の神様が、鹿児島県を中心に千～２千体存在しているといわれています。その一体を縁あって清澄の里でおまつりさせていただいています。

統野菜の栽培保存活動を行うNPO法人清澄の村、集落営農組織である五ヶ谷営農協議会、そして株式会社粟で運営する「清澄の里 粟」と姉妹店の「粟 ならまち店」と共に経済を生み出しながら、大和の伝統野菜をはじめ県内各地に埋もれていた在来種の調査・発掘と保存、そして栽培を手掛けることで6次産業化を図り、地域活性化に取り組んできました。三つの組織を協働させることで農業の六次化を行い、農家レストランの運営、加工品の開発など地域資源である大和伝統野菜を活用した事業を展開してきました。

その先駆的な取り組みが評価され、2018年に第47回日本農業賞「食の架け橋部門」で大賞受賞。同年、第57回農林水産祭「多角化経営部門」にて内閣総理大臣賞を受賞しています。

大和伝統野菜のフルコース

◇弁天塚古墳
近隣には古代豪族の和爾氏の中心集落があります。

内閣総理大臣賞

◇妻の陽子
清澄の里 粟では、妻の陽子がシェフを務め、大和伝統野菜をはじめとする年間140種類の自家栽培した作物を調理したコース料理を提供しています。

第47回日本農業賞に輝いたと人々「日本農業のトップランナーたち」

プロジェクト粟ホームページ

コラム　カエルとペタキンが教えてくれること

ペーターとクララのヤギのつがい、ペタキンに加えまして清澄の里に新しい仲間が加わりました。シュレーゲルアオガエルのケロ♂・コロ♂・ロロ♀です！

まさかカエルを飼育するとは夢にも思っていなかったのですが、事の発端は2023年5月4日に稲作の苗代づくりをしている作業中、まさに苗代予定地の真ん中にクリーム色の泡で包まれた卵塊（卵）を発見！仕方なく他の水場へ移動しようと思って持ち帰ったところ、翌日に次々と孵化がはじまりました。大慌てで水槽やエサを用意して対応している日々を重ねるうちに…足が生え！手が生えて‼気が付けばすっかり情が移った3匹のカエルがファミリーとなり現在に至っているという次第です。

「シュレーゲルアオガエル」は、その名前から外来種を連想させますが由緒正しい日本の固有種です。名前の由来を調べてみるとオランダのライデン王立自然史博物館の元館長のヘルマン・シュレーゲル氏がシーボルト達の日本で収集した脊椎動物を研究し、『Fauna Japonica（日本動物誌）』を執筆されたことが由来となり、その名を記念に冠せられました。

更にいろいろと調べていくと、カエルは「環境変化のカナリア」、「地球のカナリア」と言われていることが分かりました。「地球のカナリア」という表現は「炭鉱のカナリア」に因み、炭鉱夫が炭鉱で仕事をする時に大気の変化に敏感なカナ

◇北川先生
近畿大学　農学部　環境管理学科　教授
専門は保全生物学と分子進化学。日本の淡水魚の起源解明と保護、国内外の他地域から持ち込まれた外来魚やそれらが引起こす遺伝子汚染の問題について研究しています。
魚類学者として、奈良県内の様々な生物フィールドでその専門性を生かしたアドバイスを行っています。興福寺の年中行事である放生会の取り組みは、世界的な評価を得ています。

リアをつれていくことで酸素の不足や有毒ガスの発生などに気づき、危険を回避したことから生まれた言葉です。

つまり環境変化に敏感なカナリアが異常な鳴き声を発し、ぐったりしたらその現場から逃げ出せということを表しています。両生類であるカエルはその多くの種類が水の中で育ち、成長すると陸に上がって暮らします。つまり陸と水辺を行き来して生活するカエルの種類や数が多いことが水と豊かな緑の自然環境が残っている証でもあり、私達の生きる自然環境・生態系の食物連鎖でとても大切な役割を担っています。

近年、「ネイチャーポジティブ」という言葉がサスティナブルな未来や生物多様性の保全・回復に向けての取り組みに対する一つの指針として注目を集めています。

プロジェクト粟でも、近畿大学農学部の教授でいらっしゃる北川忠生先生とその研究室の皆様と共に約10年間にわたって絶滅危惧種である奈良県産ニッポンバラタナゴの飼育と自然環境下での繁殖について協働しながら取り組んできました。

ニッポンバラタナゴは繁殖のために卵を産卵するドブガイという貝が不可欠で、そのドブガイも自身の産卵の為にヨシノボリという魚の存在が必要となり、1つの種だけでは生きていけないという生物界の共生の仕組みを私たちに分かりやすく語りかけてくれます。

北川先生は研究室の学生さんと共に様々な地域と連携しながら、このニッポン

◇村田守さん
奈良市精華地区で活動する営農組織の五ヶ谷営農協議会の一員として、自然と人、マチとムラとの「共存共栄」をテーマに地域の未来に向けて様々な可能性を育んでいます。北川先生の取り組みを全面的にサポートされている理解者です。

バラタナゴの保全活動に取り組み、その為の環境を維持・整備していく研究を続けてこられました。

そして、その活動を持続可能にしていくために「ペタキンのめぐみ」という奈良県初の生物認証となる仕組みづくりにも取り組んでおられます。

北川先生の誠実なお取り組み、そして生き物に対しての学術的で暖かい眼差しは多くの協力者を生み出し、尊い自然環境を守る為の様々な波紋が生まれています。

北川先生とのペタキンの活動を通して、また思わぬカタチでのシュレーゲルアオガエルの飼育を通して思うことは、地域固有の在来作物やその固有種の生き物が生活の身近に存在していることは、私たちの生き方、文化が自然と調和し健康でいるかどうかという、一つのバロメーターと言えるのではないかということです。私たちが、美しい稲穂を靡かせる田んぼの姿、個性的で色彩豊かな在来種の野菜や夜空に舞う蛍の光、そして虫たちの奏でる音楽にあたたかい懐かしさや安心感、感動を覚え、惹かれてゆくのは、心のどこかでそんなことを知っているからなのかもしれません。

ロゴマーク

◇ケロコロロ

3匹の名前の由来はシュレーゲルアオガエルの鳴き声が「コロロ〜♪　コロロ〜♬」と表現されることから妻の陽子が命名。そしてトリオのユニット名は「ケロコロロ」に決定しました。シュレーゲルアオガエルは二ホンアマガエル、モリアオガエルと共に昔から俳句に読まれ、童話に登場し、親しまれてきた日本を代表する愛おしいアオガエルの一種です。

◇ペタキン

奈良では「ペタキン」と呼ばれるニッポンバラタナゴですが、名前の由来は、雄の体表に繁殖期になるとバラのように美しい色彩が現れることから名付けられました。

写真提供：森宗智彦氏

ひとなな(灯と奈菜)
Instagram

◇七色探訪記

「放課後カルテ」の作者として知られる漫画家の日生まゆさんは奈良県を舞台に、そしてニッポンバラタナゴをテーマにした「七色探訪記」という作品を執筆されています。北川先生はその監修を務めておられますので、ご関心のある方は是非ともご覧いただければと願っています。

◇ペタキンの恵み

取り組みのポイント

農地もぺたきんを育む生態系の一部

ぺたきんの生息を“池”ではなく、池に流れ込む水が通る里山など周りの生態系全てと考えています。そのため、農地では生態系に配慮した農法で栽培をしています。

教育の場としての活用

この取り組みは、大学生の研究に利用しています。それだけでなく、子どもたちと生きものの観察会を行ったり、農業体験を行ったりと環境教育の場となります。

農村振興の役割

『ぺたきんの恵み』というブランド野菜を栽培することで、生産者に利益の増幅が見込まれます。そう言ったメリットがあることで、耕作放棄地を利用する生産者が現れ、関係人口の増加も期待できます。

取り組みの関係

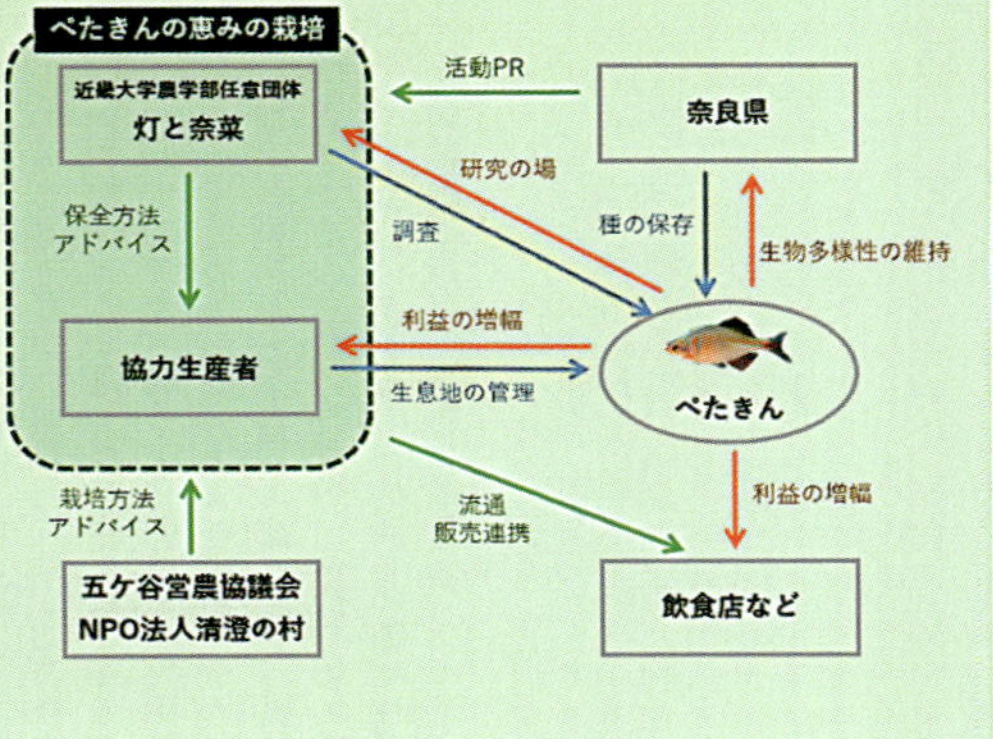

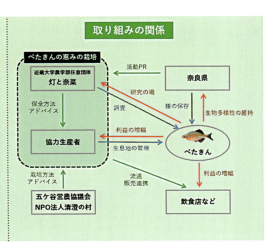

コラム　懐かしくて新しいヤギのいる暮らし

里山の緑に映える白い姿、穏やかな雰囲気でリズム良く草を食べているヤギの姿を観ていると懐かしい感覚を覚えます。人とヤギの付き合いは古く、ヤギは犬の次に家畜化された動物といわれており、その歴史は紀元前６６００〜７６００年ごろまでさかのぼります。

奈良では神様の使いとされている鹿のイメージがすっかり定着していますが、昭和30年代まで県内の農村では多くのヤギ達が、田畑を耕す等々の農耕に不可欠な牛とともに家族のように飼育されていました。牛に比べると小型で、多様な草を食用とするヤギは子供でも容易に世話をすることができます。奈良県ご出身のご年配の方々には、「子供の頃にお世話をしていた」、「お乳を飲んでいた」という経験がある方もたくさんおられるのではないでしょうか。しかし昭和36年に農業基本法が制定され、牛、豚、鶏の効率重視の多頭飼育が奨励されていく中、昭和32年に全国で76万頭が飼育されていたヤギは現在ではその数が２万頭まで激減したといわれています。その姿は次第に農村の風景から消えていきました。

ところが興味深いことに近年になって、豊かな田舎暮らしのパートナーとしてヤギやヒツジなどの中小家畜が注目され、農家レストランや観光農園等々で飼育される方が増えてきました。私達も在来作物をはじめとする、ヤギと共生する暮らしなどの農村文化を調査・研究、そして保存するためにＮＰＯ法人「清澄の村」を設立し、日本の在来種であるシバヤギとトカラヤギを22年間飼育してきまし

バヤギのペーター（13歳）は「清澄の里 粟」の人気者です！　営業日には、お客様のお食事タイムが落ち着かれる13時30分〜14時になると、自ら窓を開けてご挨拶にやってきます。完璧なカメラ目線とポージングを駆使してお客様と一緒に記念写真に対応するのも彼の得意技。家畜を超えて「人とヤギとの暮らし」の新しい親和性の可能性を日々、実証しています。

た。これまでに誕生した約80頭の子ヤギを里子としてヤギ飼育を希望される方々に譲ってきましたが、一過性のブームと異なり、今でも子ヤギを希望される方が後を絶たない状態が続いています。

ヤギを飼っていると多くの方から「ペットですか?!」「何のために飼っているのですか?!」とご質問をいただくことがよくあります。その時にはヤギは５つの仕事をしているとお答えしています。

(1)草食動物ですので生きた草刈り機として周辺の除草を助けてくれる
(2)人間の母乳に最も近い成分をもつとされているミルクを与えてくれる
(3)コンポスト役として野菜クズを堆肥に変えてくれる
(4)子供との相性が良く情操教育を担ってくれる
(5)犬や猫とはまた違う魅力をもつアニマルセラピー効果で接客してくれる

と！

持続可能な世界に向けての開発目標であるＳＤＧｓへの取り組みが大切にされていく中、レストランや飲食産業に携わっている者にはフードロスの行動が求められています。そんな時代背景に対応する為にミシュランガイドも２０２０年にミシュラングリーンスターというフードロスや伝統文化の継承、循環型社会に対するアプローチ等々、それぞれのレストランのサスティナビリティな取り組みをハイライトする為に定められた新しい評価基準を設けています。ミシュランガイド奈良２０２２〜２０２４では、三年続けて「清澄の里 粟」と「粟 ならまち店」が揃ってミシュラングリーンスターを獲得させていただきましたが、ペーター達

愛おしく遊びながら成長していく子ヤギ達。子どもに対する親しみを込めた「キッズ」も「子ヤギ」が語源。

はグリーンスター選出に貢献し、コンポスターとして活躍するヤギとしてミシュランガイドのホームページにも写真と紹介文で登場しています。

ヤギは私達がサスティナブルで循環型の暮らしを「懐かしく 新しく」再構築していく時のパートナーとして大きな役割を果たしてくれるものと信じています。

地域が忘れかけていた 愛らしく、飼いやすく、私達人間の古くからの伴侶。懐かしくて新しいヤギのいる暮らしと光景が、やわらかくよみがえっていくことを夢見ています。

三浦雅之 note
懐かしくて新しい
ヤギのいる暮らし

◇ミシュランガイド
ミシュラングリーンスターとは、持続可能なガストロノミーに対し、積極的に活動しているレストランに光をあてるシンボルです。レストランセレクションでも注目を集めています。

ミシュランガイド
奈良グリーンスター

奈良の宝物な人々

関係人口・交流人口という言葉が定着してきた昨今、奈良に住んでいる方、奈良出身の方、海外や他府県に住まわれていても奈良とご縁深い方々とのつながりが広がり、深まってきました。文化発信、食、農、観光、行政、デザイン、伝統工芸、福祉、医療、教育、地域づくり等々の様々な分野でご活躍されている方々の存在は、奈良の宝物でもあり、その関係性は自身の宝物でもあります。

こちらの特集「奈良の宝物な人々」では、より良い未来に向けて、素晴らしいご活動・取り組みにご尽力されている敬愛する皆様のご活躍を相棒ヤギのペーターと共にご紹介させていただきます。

末光大毅さん
元奈良県副知事　財務省
奈良で考える豊かな暮らしの本質。暮らしをつくるつながりをデザインする

山口智子さん
山口智子の風穴!?

西川芳昭さん
龍谷大学 経済学部教授／食・農・資源の経済学担当
特別寄稿エッセー「タネとヒトとの素敵な関係」

藤沢久美さん
国際社会経済研究所 理事長
藤沢久美オフィシャルサイト

河本宏子さん
元 ANA 取締役専務執行役員・元 ANA 総合研究所 会長
経団連対談記事「デジタルネイティブ「Z世代」とともに、今後のライフ・サービスを考える」

成瀬勇輝さん
ON THE TRIP 代表
トラベルオーディオガイド ON THE TRIP

友松洋之子さん
Nara 観光コンシェルジュ
たまゆらα～奈良の響き

松田大児さん
サーファーの文人画家
松田大児 Instagram

ニールセン北村朋子さん
文化翻訳家
ニールセン北村朋子 official サイト

占部まりさん
宇沢国際学館 代表取締役、日本メメント・モリ協会 代表理事
東洋経済 ONLINE ～宇沢弘文の「社会的共通資本」が今、響く理由

矢田明子さん
Community Nurse Company 代表取締役
株式会社 CNC

一木典子さん
サントリーホールディングス株式会社 CSR 推進部長
複雑化する子ども・若者を取り巻く課題の解決を。企業だからこそできるサントリーの「次世代エンパワメント活動」

歌丸和見さん
一般社団法人認知症予防活動コンソーシアム代表理事
一般社団法人認知症予防活動コンソーシアム

入江透さん・杏奈さん
Herb and Spice Shop Aoniyoshi オーナー
Herb and Spice Shop Aoniyoshi Instagram

福田真砂美・三澤隆之さん
株式会社ギルド 代表
テレビ番組制作会社 株式会社ギルド

辰巳俊之さん
小岩井農牧株式会社 代表取締役社長
令和人国記

小久保よしのさん
ディレクター・編集者・ライター
小久保よしの Note

小倉沙央里さん
伝統知を未来に生かす環境デザインラボ 代表・フォトグラファー
人間も環境も健康になれる社会のデザイン

指出一正さん
株式会社ソトコト・ネットワーク執行役員／ソトコト編集長
ソトコトオンライン

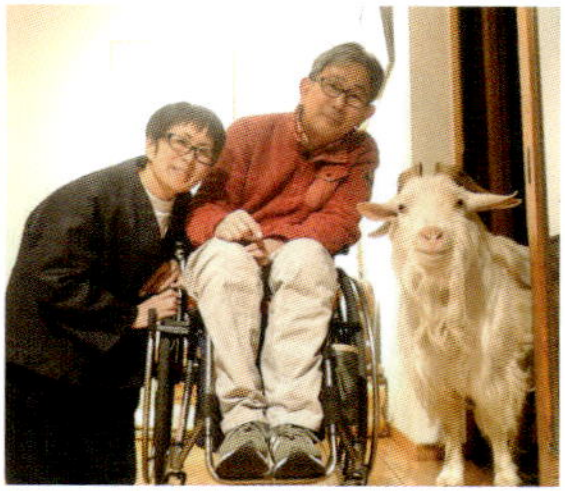

羽中田昌さん・まゆみさん
サッカー指導者・解説者・スポーツエッセイスト
車椅子のサッカーコーチ＆人生コーチ・羽中田昌のオフィシャルブログ

長野睦さん
錦光園七代目墨匠
錦光園

阿南誠子さん
さとびごころ編集長
さとびごころ～100年住み続けたい奈良のための地域づくりマガジン

エバレット・ケネディ・ブラウンさん
写真家・山彦研究家
エバレット・ケネディ・ブラウン official サイト

ラナシンハ・ニルマラさん
奈良県立大学准教授観光学博士
「農による自給的生活文化の継承と創造」

立花貴さん
公益社団法人 MORIUMIUS 代表理事
公益社団法人
MORIUMIUS

藤川拓馬さん
株式会社維鶴木工 代表取締役社長
株式会社維鶴木工

北森克哉さん・由季さん
合同会社 向代表
合同会社 向

金子久美さん
株式会社大和農園　商品開発部
宝石のようなスイートコーン「大和ルージュ」がＳＮＳで話題…

谷規佐子さん
小さなホテル奈良倶楽部 オーナー
奈良倶楽部通信
オーナーがお届けする奈良のあれこれ

原実さん
一般財団法人
明日香村地域振興公社 代表理事
一般財団法人明日香村地域振興公社
(あすか夢耕社)

笹野正広さん
ロート製薬株式会社食事業マネージングコーディネーター・株式会社はじまり屋代表取締役
株式会社はじまり屋

mii さん
クリエーター
LINE スタンプ
奈良のタカラモノ～
山羊のペーターくん

石丸裕康さん
関西医科大学総合診療医学地域医療学 理事長特命教授
関西医科大学
総合診療医学講座

安西紗耶さん
ロート製薬株式会社
奈良圏域連携事業室室長
「ロート製薬」誰もやらないことへの挑戦 はじまりの奈良

菅本香菜さん・前田紋華さん
旅するおむすび屋
旅するおむすび屋

関宏美さん
野菜ソムリエ上級プロ
関宏美 official サイト

源口葉月さん
合同会社シェアローカル 共同代表
水の人
CREATIVE FARM SHARELOCAL

坂本大祐さん
クリエイティブディレクター
「おもしろい地域には、おもしろいデザイナーがいる」

吉本幸史さん
一般社団法人飛鳥観光協会事務局長
明日香村観光ポータルサイト
旅する明日香ネット

岡下浩二さん
合同会社ちとせなら代表
合同会社ちとせなら

福持良之助さん
株式会社 ONESTORY
エリアブランディング事業部部長
株式会社 ONESTORY

平川理恵さん
前広島県教育長・学校法人金蘭会学園 経営改革本部長
平川理恵の「教育・子育てのツボ」ラジオ

懐かしくて新しい未来を紡ぐ旅

家族野菜を未来につなぐ

先人が育み継承してきた品種はその土地固有の食文化や栽培方法がつまっているかけがえのない地域の文化遺産でもあります。そして、その在来種の調査をしていく中で強く感じたことは、今という時代の重要性です。在来種の継承を担ってきた人々が高齢化を迎えている今、それらを引き継いでゆく時間は決して多く残されているとはいえませんが、この時代の大切なテーマとして課題に取り組む必要性があると思っています。

ブランド野菜として先鞭をつけた京野菜と比較されることが多い大和の伝統野菜ですが、視点を変えてみると、奈良らしい魅力があふれていることに気づかされます。

長年、伝統野菜を継承されてきた方々にお話を伺う中で心に残ったことは、「なぜこの野菜を作ってこられたのか」との質問に対し、皆さんが異口同音に「おいしくて作りやすいから」と答えてくださったこと。そして「手間ひまかかるけれど、自分や家族の好物だから」と。その言葉には、「お金になるから」といった換金性重視の価値観も、「伝統を守りたい」といった大上段に構えた使命感でもない、食べ物を育てるうえで当たり前で大切なことが表されていると感じさせられました。「おいしい」ということは換金性より自分自身や家族、お付き合いをしている方々の嗜好性を重視しているということ。そして「作りやすい」とは、その土地の気候風土に適しているということで、言いかえるなら大和の伝統野菜とは、土地の気候風土に適

応し、食べる人の顔を思い浮かべて育てられてきた「家族野菜」とも表現できます。「安心」、「安全」という言葉が溢れる中、私たちの心身を育んでくれる食べ物を育てる上で大切なことに立ち返らせてもらえる言葉です。

また調査をしている中で伝統野菜が多く残っている地域には比例して伝統芸能やその土地固有の生き物、また集落機能が残っていたことに興味をひかれました。どこの地域でも伝統的な品種は危機を迎えていますが、同時にそれらを保存し、活用してゆく新しい試みが、世界でも、全国各地でも、そして奈良県内でもはじまりつつあります。

ガストロノミーツーリズムを越えて

２０２２年12月13日に奈良県を開催地に、国連の観光関連機関であるＵＮＷＴＯが主催する第7回ガストロノミーツーリズム世界フォーラムが開催され、光栄にも基調講演を務めさせていただくことになりました。「People and planet（人々と惑星）」という大きなテーマの元に開催されたフォーラムでの基調講演、そこで最後にお伝えしたメッセージは、「一人一人のウェルビーイングを向上させることでプラネタリーヘルスにも貢献していく」という、ガストロノミーツーリズムのエッセンスが、飲食産業や観光産業に携わる者のみならず、未来を担う全ての人々に広がっていくことが求められているということです。

かけがえのない文化遺産ともいえる地域の食文化は、日本においてはスローフード、地産地消、そして近年ではＳＤＧｓというテーマに支えられ粛々と継承されてきましたが、ガストロノミーと歴史文化資源を活かしたツーリズムを生み

◇ガストロノミーツーリズム世界フォーラム
第７回 ガストロノミーツーリズム世界フォーラム in 奈良

基調講演 三浦雅之「ガストロノミーツーリズムと未来へのビジョン」

出していくことは地域の食文化を継承し、持続可能な農業を推進し、地域文化と伝統工芸をインスパイアし、観光立県を掲げている奈良県内の滞在時間の向上と新しい経済を生み出していく大きな可能性が秘められていると感じています。

七つの風と七つの自給率

柳宗悦氏、河井寛次郎氏が提唱された民藝《みんげい》は、日本の手仕事や生活文化の素晴らしさを再評価するものですが、民藝研究者の鞍田崇さんとお会いした際、伝統野菜がその役割を果たす可能性があるのではという話になりました。それは伝統野菜が「七つの風」にリンクしているからです。七つの風とは自身の造語ですが、風を冠した七つの言葉が地域に眠っている文化に光を当てる一つのまなざしになるのではという考えです。

一つ目の風は、気温、標高や風の流れ、土質や降水量など、その地域の基本的な性質で気候風土を表す「風土」。風土を活かして育まれる穀物、野菜、果物などの恵みを表す食文化そのものである「風味」。風土の中で風味を育む営みが生み出すのが棚田や里山などの景観を表す「風景」。日本には春夏秋冬の四季があり、四季を24等分した二十四節気、更に365日を5日ごとの変化にあわせて感じていく七十二候という暦がありますが、その巡りゆく季節の中で健康に生きていくための知恵であり、祈りのカタチである「風習」。自然の素材から作り出され私たちの生活を支えてくれる生活工芸とそれを生み出す職人たちの生業仕事である「風物」。六つ目の風は「風儀」で生活文化を指します。そして最後の七つ目の風が、この六つの風の中で養われていく人々の価値観、心持ち、もてなしの心を表す「風

情」。これらの七つの風の視点で地域を見つめ直し、そこに眠る歴史文化資源を掘り起こし活用していくことは、地域づくり・観光振興にも寄与していくことにもつながっていくのではないでしょうか。

また異常気象、フードショック、世界的なパンデミックに戦争等々、今の時代は多くの地球的課題を抱えていますが、不確実性の多い未来に向けて、自身の健康や暮らしを無条件にお金でサービスを買うことに委ねるのではなく、再び自分の手に握り直すという様々な自給率に対する意識が高まっているように感じています。そのような背景をふまえて、10年ほど前から提唱している「七つの自給率」とは人が生きていくために不可欠な水、土、里の恵みを合わせた「水土里の自給率」、そして種や肥料の自給を含む「食料自給率」、「学びの自給率」、自ら健康寿命を大切にする「健康の自給率」、自然素材から生活工芸を生み出す「生業の自給率」に、コミュニティでお互いをサポートしあう「助け合いの自給率」といった以上6つの自給率の中で生まれる「豊かさと幸せの自給率」を表しています。どこか遠くのものを求めることだけでなく、私達一人一人が自身の足元を見つめなおし、それぞれの地域に眠る知恵とタカラモノを活かしつつ足元から暮らしを整えていくことこそがウェルビーイングを充実させながらプラネタリーヘルスを実現していくことにつながっていくと信じています。

懐かしくて新しい未来

人生の目標や次のステップは求めることも、探すこともできますが、そこにたどり着くための道のりは十人十色。求めて得られないものもあれば、望まずして

与えられることもあるでしょう。妻と二人の夢以外の何もないところからスター

トした活動は今年30年を迎えました。この本でもご紹介したように、数えきれな

いほど素晴らしい方々との出逢いと幸運に恵まれ、今の私たちのプロジェクトは

存在しています。

人生の転機は31年前。新婚旅行先のアメリカで、見聞を広めようと訪ねた、あるネイティブアメリカンのコミュニティで目にした光景でした。村の知恵袋として尊敬を集め、生涯現役で働くお年寄り。笑顔で遊び回る子どもたち。人々の生き生きとした暮らしは、協働で耕した畑の収穫物を食し、種を採り、また育てる繰り返しが作り出す食文化の伝承で成り立っていました。彼らの伝統作物であるトウモロコシの色鮮やかな種と伝統文化を中心に、各世代が結びつくことで、人々の幸せを醸成しているように感じさせられました。それは当時、総合病院で看護師をしていた妻の陽子と福祉関係の研究機関で働いていた私にとって、目からうろこが落ちるような光景でした。

日本では、「要介護者」となった高齢者の生きがいの喪失やいじめ、コミュニティの崩壊が、当たり前のようになっていく中で、豊かになった日本が知らず知らずのうちに置き忘れた大切なもの。制度、テクノロジー、最先端の施設と同じぐらい、いやそれよりも大切なことがあるのではないか。そんなことを考えながら、帰国してから私たちは、「彼らにとってのトウモロコシの種は、日本では何なのか」を探し始めました。農業、伝統文化、種、そして伝統野菜。次第に意識は足元へと向かっていく中で、妻と二人で仕事を辞め、野菜づくりを学びながら開墾をはじめました。ご縁があったのは40年間耕作放棄されていた「清澄の里」

と呼ばれる小高い丘の荒れ地。開墾を進めながら、県内で伝統野菜を作り継いでこられた方々を訪ね、種を譲り受けては播き、採種していく日々。初めて目にするのに懐かしいような、大和の伝統野菜との出会い。何かの意志に導かれるように、そんな毎日を繰り返して3年後、誰一人足を踏み入れることのなかった荒れ地は、畑に姿を変えていき、その中に生まれた小さな農家レストラン「清澄の里 粟」は開店から23年を迎えることになりました。レストランの軒先にはヤギ達が歩き回り、周辺の畑には大和の伝統野菜をはじめとする多種多様な作物が育ち、16年前には姉妹店「粟 ならまち店」も開店しました。気がつけば、「伝統野菜で地域づくり」、「七つの風と自給率をテーマにしたコミュニティづくり」というプロジェクトにたくさんの人の輪が生まれていました。地域の長老から子供、そして会社の仲間たち、そして地に足つけて、より良い未来に向けて活動されているすばらしい方々と前向きに夢を育てていける日々。その何気ない日常に、懐かしくて新しい、かつて新婚旅行で見た光景が重なっています。

この時代に生を受け、いにしえの日本文化が息づく奈良にご縁をいただいたことを幸せに感じています。日本の農村文化を体現してこられた方々に教わった大切なこと。大和の伝統野菜を受け継いでこられた先人から受け取った物語。気がつけばたくさんの物語が詰まった小さくも尊い種たちが手の内に握られています。その種は古の大和を、日本の文化を訪ねる入口となるでしょう。残る半生も、その種火を大切に守り継ぎ、そして未来に蒔いていきたいと思っています。

一粒万倍の実りをもたらす粟《あわ》のように〜

あとがき

執筆を終えて、いくつもの感謝の気持ちをお伝えしたい気持ちが溢れています。

本書が生まれるきっかけとなる京阪奈情報教育出版社長の住田さんに出版のお声かけをいただきましたのは、コロナ渦の前の2019年でした。その後パンデミック収束を経てスタートした執筆となりましたが、その間に奈良ではUNWTO主催のガストロノミーツーリズム世界フォーラムが開催され、来年には大阪・関西万博も開催される中、地域の食の魅力醸成が求められるこのタイミングに卒拓同時の如し実現できた、この度の出版は、住田さんのサポート無しではありえませんでした。奈良県の大切な歴史文化を伝えることに一意専心に取り組んでこられた京阪奈情報教育出版より自身の思いをカタチにしていただけたことを本当に幸せに思っています。

親しくおつきあいしていただいている方々は、よくご存じの通り、本書は単著の体となっていますが、約30年間一心同体に「伝統野菜の継承」というライフワークに取り組み、共にここまで歩んできました妻の陽子との夫婦での成果でもあります。数えきれない方々のサポートやお力添えをいただき授かった上梓の悦びを共に分かち合いたいと思います。

また発刊に寄せてあたたかいお言葉をお贈りいただいたDiscover Japan社長の高橋俊宏さん、長年にわたって「はじまりを巡る旅」をご一緒させていただいている福野博昭さん、玖村健史さんをはじめ、本書に御登場していただきました奈良のそれぞれの分野でご活躍されている皆様とのご縁がなければ、第一章「はじまりを巡る旅」がこんなにも充実することはなかったでしょう。
豊かな歴史文化資源と食文化は「奈良のタカラモノ」ですが、情熱をもってそれぞれのテーマに取り組まれている方々の存在もまた、まぎれもない「奈良のたからもの」です。

共有いただきました尊い学びが多くの方々の誇りにつながっていきますように！

そして、巻頭にあたたかいお言葉を賜りました敬愛する岡本彰夫先生には、心を込めて格別の感謝の気持ちをお伝えしたいと思います。奈良の、日本の誇り高く、奥深い文化を体現されてこられた岡本先生には、日頃より「前に前により奥に奥に」とご指導をいただいてきました。お会いした時から「時勢に流されず奈良のほんまもんの食文化を大切にしていかなければ」と私達夫婦を応援し続けてくださったことは本日を迎える心の支えとなっていました。

また、地域の文化遺産である伝統野菜を継承されてこられた方々には、食べ物を育むという尊い営みを受け継いでこられた皆さんの魅力的な表情。自然と調和し力強く地に足つけて歩んでこられた生き方等々、約30年間の調査を通して、多くの大切な学びをいただきましたことを心より感謝申し上げる次第です。

ご縁ある素敵な方々のご協力によって誕生したこの一冊が、種火のように奈良の、日本の健やかな未来を紡いでいく一助となりますことを祈念して〜

2024年11月

三浦雅之

【参考文献】

「大和の農業技術発達史」～奈良県農業試験場
「日本の食生活全集29 聞き書 奈良の食事」～農山漁村文化協会
「江戸時代人づくり風土記29 ふるさとの人と知恵 奈良」～農山漁村文化協会
「大和百年の歩み 文化編」～大和タイムス社
「青山四方にめぐれる国」～奈良県
「奈良点描①～③」～清文堂
「奈良のチカラ」～現代旅行研究所
「南近畿地方物産案内」～日本固有鉄道南近畿地方営業事務所
「南近畿の物産」～日本固有鉄道天王寺鉄道管理局
「奈良のくすり」～奈良県薬務課
「心のふるさと稲作文化」～株式会社ジャパンプレス・フォト
「地方野菜大全」～タキイ種苗
「野菜は世界の文化遺産」～淡交社
「東山村史」～奈良県山辺郡山添村東山支所
「イモとヒト 人類の生存を支えた根栽農耕」～平凡社
「ダイコンを育てる」～岩波書店
「奈良の昔話～道が紡いだ人々の暮らし」～ブレーンセンター
「こんにゃく資料」～財団法人日本こんにゃく協会
「奈良のトリセツ」～昭文社
「人間にとってスイカとは何か」～臨川書店
「母と子のための 奈良県の植物」～奈良新聞社
「シュナの旅」～徳間書店
「大和人物志」～名著出版
「日本の野菜文化史辞典」～八坂書房
「種と遊んで」～現代書館
「栽培作物の起源と伝播」二宮書店
「論集 光明皇后 奈良時代の福祉と文化」～東大寺
「シーボルトが日本で集めた地図」～古今書院
「逝きし世の面影」～葦書房
「灯を継ぐ 今に生きる技」～奈良日日新聞社
「タネとヒト 生物文化多様性の視点から」～農山漁村文化協会
「誰もが知っているはずなのに誰も考えなかった農のはなし」～アサヒビール
「BIOSPHERE」～田園社会プロジェクト
「生物多様性を育む食と農」～コモンズ
「文化立国論 日本のソフトパワーの底力」～筑摩書房

【ご協力いただいたみなさん】

本書にご登場いただきました方々に加えまして、こちらの皆様より執筆に対してお力添え、ご協力いただきましたこと、厚く御礼申し上げます。

興福寺、糸井神社、奈良県酒造組合、奈良市高樋町の堀内結さん、元奈良県庁農林部の木村衛さん、元奈良県庁農林部の飯田明美さん、ナント種苗株式会社社会長の高瀬泰嗣さん、株式会社萩原農場会長の萩原俊嗣さん、奈良県学校給食会事務局次長の杉谷祐子さん、奈良県果樹・薬草研究センターの藤井孝英さん、川上村高原の早稲田緑さん、株式会社エヌ・アイ・プランニング、天理教五代目真柱継承者の中山大亮さん、奈良県北部農林振興事務所所長の豊田毅さん、写真家の平岡雅之さん、塗師の樽井宏幸さん、興福寺「多聞院日記」発酵食品再現研究会の阿部咲季香さん、川西町商工会の吉岡清訓さん、ファーム曽楽代表の木治千和さん、真澄さんご夫妻、桝井美鈴さん

注 本書に登場される方々の肩書・役職は２０２４年11月23日現在のものです。

【著者プロフィール】

三浦《みうら》 雅之《まさゆき》

1970年生、奈良市在住、京都府舞鶴市出身。

1998年より、妻の陽子と共に奈良市近郊の中山間地である清澄の里をメインフィールドに奈良県内の在来作物の調査研究、栽培保存に取り組み、大和伝統野菜を中心に年間約140種類の野菜と穀物、そして果樹と薬草を栽培。

2002年に大和伝統野菜を食材とした農家レストラン「清澄の里 粟」、2009年には奈良町に「粟 ならまち店」をオープン。

ソーシャルビジネス「Project 粟」の代表を務める。

＜主な役職＞

Project 粟 代表

株式会社粟　代表取締役社長

＜主な著書＞

「家族野菜を未来につなぐ」（妻・陽子との共著、学芸出版社、2013）

＜主な出演番組＞

情熱大陸、人生の楽園

＜主な受賞歴＞

2018年　第47回日本農業賞 食の架け橋部門にてProject 粟 大賞受賞

2018年　第57回農林水産祭 多角化経営部門にてProject 粟 内閣総理大臣賞受賞

ミシュランガイド奈良 2022～2024にて清澄の里粟、粟ならまち店グリーンスター選出

粟
ホームページ

project 粟
facebook

粟　三浦雅之
Instagram

三浦雅之
note

デザイン：センダデザイン
千田　淳
千田　春香

表 紙 書：松田　大児

奈良のタカラモノ

2024年11月23日　初版第1刷発行

著　者：三浦 雅之
発行者：住田 幸一
発　行：京阪奈情報教育出版株式会社
〒630-8325 奈良市西木辻町139番地の6
Tel：0742-94-4567　Fax：0742-24-2104
URL：https://narahon.com/
印　刷：共同プリント株式会社

ISBN978-4-87806-610-8